Kleine Geschichten aus der Pfingstzeit

Gesammelt
und herausgegeben von
Renate Jostmann

Engelhorn Verlag
Stuttgart

Inhalt

Johann Christoph Gottsched

Reineke Fuchs

Das erste Hauptstück.
Wie der Leu, als König aller Thiere, einen festen Frieden kund thun und ausrufen, auch allen Thieren gebiethen ließ, an seinen Hof zu kommen.

Es war eben an einem Pfingsttage, als man Wälder und Felder, mit Laub und Gras gezieret sah; und mancher Vogel sich in Gebüschen und auf Bäumen, mit seinem Gesange fröhlich bezeugete. Die Kräuter und Blumen sprosseten überall hervor, und gaben den lieblichsten Duft von sich. Der Tag war heiter, und das Wetter schön: als Herr Nobel, der König aller Thiere, seinen Hof hielt, und durch sein ganzes Land überall ausrufen ließ, daß man sich daselbst versammeln sollte. Darauf erschienen nun viel große Herren mit starkem Gefolge, und eine unzählbare Menge stolzer Junker; Lütke, der Kranich, Marquart, der Heher, und viele andre mehr. Denn der König mit seinen Herren war Willens, mit großer Pracht und Freude Hof zu halten: und hatte deswegen große und kleine Thiere eingeladen; nur Rei-

neken, den Fuchs, allein nicht. Dieser hatte sich so sehr wider den Hof vergangen, daß er dahin nicht kommen dorfte. Wer Böses thut, scheuet gern das Licht: so gieng es auch Reineken, diesem Bösewichte. Er scheuete den Hof des Königes, an welchem er ein sehr schlechtes Lob hatte. Und als derselbe nun völlig beysammen war, so fand sich sonst niemand, außer dem Dachse, der nicht über Reineken zu klagen gehabt hätte; als den man durchgehends für sehr falsch und leichtfertig hielt.

Übersetzung des niederdeutschen Tierepos »Reynke de Vos«, von einem unbekannten Geistlichen in Lübeck 1498 nach einer älteren niederländischen Vorlage aufgezeichnet.

Johann Wolfgang von Goethe

Reineke Fuchs

Erster Gesang

Pfingsten, das liebliche Fest, war gekommen;
  es grünten und blühten
Feld und Wald; auf Hügeln und Höhn,
  in Büschen und Hecken
Übten ein fröhliches Lied die neuermunterten
  Vögel;
Jede Wiese sproßte von Blumen in
  duftenden Gründen,
Festlich heiter glänzte der Himmel und
  farbig die Erde.

Nobel, der König, versammelt den Hof;
  und seine Vasallen
Eilen gerufen herbei mit großem Gepränge;
  da kommen
Viele stolze Gesellen von allen Seiten und
  Enden,

Lütke, der Kranich, und Markart, der Häher,
und alle die Besten.

Denn der König gedenkt mit allen seinen
Baronen
Hof zu halten in Feier und Pracht; er läßt sie
berufen
Alle miteinander, so gut die Großen als
Kleinen.

Niemand sollte fehlen! und dennoch fehlte der
Eine,
Reineke Fuchs, der Schelm! der viel
begangenen Frevels
Halben des Hofs sich enthielt. So scheuet
das böse Gewissen
Licht und Tag, es scheute der Fuchs die
versammelten Herren.

Alle hatten zu klagen, er hatte sie alle beleidigt,
Und nur Grimbart, der Dachs, den Sohn
des Bruders, verschont' er.

Martin Luther

Komm, Heiliger Geist

Komm, Heiliger Geist, Herre Gott,
erfüll mit deiner Gnaden Gut
deiner Gläubgen Herz, Mut und Sinn,
dein brünstig Lieb entzünd in ihn'.
O Herr, durch deines Lichtes Glast
zu dem Glauben versammelt hast
das Volk aus aller Welt Zungen.
Das sei dir, Herr, zu Lob gesungen.
Halleluja, Halleluja.

Du heiliges Licht, edler Hort,
laß uns leuchten des Lebens Wort
und lehr uns Gott recht erkennen,
von Herzen Vater ihn nennen.
O Herr, behüt vor fremder Lehr,
daß wir nicht Meister suchen mehr
denn Jesum mit rechtem Glauben
und ihm aus ganzer Macht vertrauen.
Halleluja, Halleluja.

Du heilige Brunst, süßer Trost,
nun hilf uns fröhlich und getrost
in deim Dienst beständig bleiben,
die Trübsal uns nicht abtreiben.
O Herr, durch dein Kraft uns bereit
und stärk des Fleisches Blödigkeit,
daß wir hie ritterlich ringen,
durch Tod und Leben zu dir dringen.
Halleluja, Halleluja.

Konrad Weiss

Pfingstmorgen

Ich bin erwacht, mein Sinn ist stark,
was pocht das Herz zum Tage karg
mit offenbarer Mühe,
was schmerzt mich in der süßen Frühe,
es drängt – o dränge es ins tiefste Mark
der Seele in den Zeiten alt –
das Frühlicht wie mit Sturmgewalt
mich in gebrochne Kniee.

Des Himmels Brand wie Feuers Schur
bricht Furchen in die alte Spur,
die schollenharte hohe,
weich aus, was will die bitter frohe,
die blasse Seele vor der Sonne nur,
die immer wieder um sie kreist,
hier hält kein Grund, es flammt der Geist
auf zu Gewitterlohe.

Da ist das allgewisse Licht
versammelt, wenn der Tag anbricht,
geh hin, du Seele bleiche,
die Schwester suche, ihr dich gleiche,
sie hält und läßt noch nicht das dürre, flicht
es in das junge grüne Blatt,
wie bist du schön, in Demut satt,
du zaghaft hohe Eiche!

Wie wurde sie des Segens still,
wo alles sich nun regen will,
wie wuchs sie auf vom Grunde,
sie voller Wehr und voller Wunde?
Vergangnes laß, doch wie das Blatt verfiel,
sie hielt, empfangen unverwandt
von einer in die andre Hand,
die Gabe ihrer Stunde.

Sie still, da in die Sonne flog,
wie Schnäbel sich zum Öffnen bog
als wie von Vogelscharen
die Knospenbrut, was offenbaren
will sie, die winterlängsten Kummer sog,
ihn lichtwärts trug als dunklen Strom:
Ich bin nicht eine, bin der Dom
der Dinge, irdisch wahren.

Die feierliche Stille bebt,
die hohen Bäume rings belebt,
die Eschen wie mit Lanzen
zum Reigen stark, zum frühlingsganzen,
wer schüttelt ihn, daß jede Zier sich hebt,
du mußt – ach, höbest du den Schmuck,
auf ihrem Grunde liegt genug –
mußt mit der Seele tanzen.

O Jungfrau, stetes Paradies,
du zaghaft nimmer im Verlies,
daß ich dir nahen werde,
mein Kummer inner aller Erde,
ich schwinge dich, du schwingst um mich
  dein Vlies,
ich lege auf dich meinen Mund,
die ganze Erde ist dein Grund,
und du bist meine Härte.

Pfingstmontag

»Also hat Gott die Welt geliebt,
daß er ihr seinen eingeborenen Sohn
gesandt hat, damit Keiner,
der an ihn glaubt, verloren gehe. –
Wer aber nicht glaubt,
der ist schon gerichtet«

Ist es der Glaube nur, dem du verheißen,
Dann bin ich tot.
O Glaube, wie lebend'gen Blutes Kreisen,
Er tut mir not;
Ich hab' ihn nicht.
Ach, nimmst du statt des Glaubens nicht die Liebe
Und des Verlangens tränenschweren Zoll,
So weiß ich nicht, wie mir noch Hoffnung bliebe.
Gebrochen ist der Stab, das Maß ist voll
Mir zum Gericht.

Mein Heiland, der du liebst, wie Niemand liebt,
Fühlst du denn kein
Erbarmen, wenn so krank und tiefbetrübt
Auf hartem Stein
Dein Ebenbild
In seiner Angst vergehend kniet und flehet?
Ist denn der Glaube nur dein Gotteshauch?
Hast du nicht tief in unsre Brust gesäet
Mit deinem eignen Blut die Liebe auch?
O sei doch mild!

Ein hartes, schweres Wort hast du gesagt:
Daß, wer nicht glaubt,
Gerichtet ist. Ich seh' nicht, wo es tagt;
Doch so beraubt
Läßt er mich nicht,
Der hingab seinen Sohn, den eingebornen,
Für Sünder wie für Fromme allzugleich.
Zu ihm ich schau, die Ärmste der Verlornen,
Nur um ein Hoffnungswort; er ist so reich,
Mein Gnadenlicht.

Du Milder, der die Taufe der Begierde
So gnädiglich
Besiegelt selbst Sakramentes Würde:
Nicht zweifle ich,

Du hast gewiß
Den Glauben des Verlangens, Sehnens Weihe
Gesegnet auch, sonst wärst du wahrlich nicht
So groß an Milde und so stark an Treue,
Brächst du ein Zweiglein, draus die Knospe
bricht
Und Frucht verhieß.

Was durch Verstandes Irren ich verbrochen,
Ich hab' es ja
Gebüßt so manchen Tag und manche Wochen;
So sei mir nah
Nach meiner Kraft,
Die freilich ich geknickt durch eigne Schulden,
Doch einmal aufzurichten nicht vermag,
Will hoffen ich, will sehnen ich, will dulden;
Dann gibst du Treuer wohl den Glauben nach,
Der Hilfe schafft.

Am ersten Sonntage nach Pfingsten

Dreifaltigkeit

»Darum gehet hin und lehret
alle Völker und taufet sie
im Namen des Vaters und des Sohnes
und des Heiligen Geistes;
und lehret sie Alles halten,
was ich Euch gesagt habe,
und sehet, ich bin bei Euch
bis ans Ende der Welt«

Bin ich getauft in deinem Zeichen,
Du heilige Dreifaltigkeit,
Nun bleibt es mir und kann nicht weichen,
In dieser nicht und jener Zeit.
Ich fühle durch Verstandes Frost,
Durch Menschenwortes Nebelrennen
Es wie ein klares Funkeln brennen
Und zehren an dem alten Rost.

In deinem Tempel will sich's regen,
Wo ich als deine Magd erschien,
Und unter deines Priesters Segen
Fühl' ich es leise Nahrung ziehn.
Wenn eine teure Mutterhand
Das Kreuz mir zeichnet auf die Stirne,
Dann zuckt's lebendig im Gehirne,
Und meine Sinne stehn in Brand.

Ja selbst zu Nacht, wenn Alle schlafen
Und über mich die Angst sich legt,
In der Gedanken öden Hafen
Der Zweifel seine Flagge trägt:
Wie eine Phosphorpflanze noch
Fühl' ich es warm und leuchtend schwellen,
Und über die verstörten Wellen
Legt sich ein leiser Schimmer doch.

Und muß mir zum Gericht gereichen
Die Lebenspflanze mir gesellt,
Die ich versäumte sonder Gleichen
Und dürrem Holze gleichgestellt:
So ist sie in der Sünden Bann,
Des Geistes schwindelnden Getrieben
Mein heimlich Kleinod doch geblieben,
Und angstvoll hängt mein Herz daran.

Ob ich vor deiner Geißel zage:
Nichts kömmt doch dem Bewußtsein gleich,
Daß dennoch ich dein Zeichen trage
Und blute unter deinem Streich.
Fluch Allem, was von dir mich stößt!
Dein will ich sein, von dir nur stammen:
Viel lieber sollst du mich verdammen,
Als daß ein Andrer mich erlöst.

Am zweiten Sonntage nach Pfingsten

»Der Eine sprach:
ich habe ein Landhaus gekauft,
der Andere sprach:
ich habe ein Weib genommen,
deshalb kann ich nicht kommen«

Ein Haus hab' ich gekauft, ein Weib hab' ich genommen,
Drum, Herr, kann ich nicht kommen.
Das Haus: mein Erdenleib,
Dess ich in Ruh' muß pflegen,
Die Poesie: das Weib,
Dem ich zu Füßen legen
Will meiner Liebe Frommen
Zu süßem Zeitvertreib.

Gebrechlich ist mein Haus, bedarf gar
sehr der Stützen,
Soll es mir ferner nützen.
So lieblich ist die Frau,
Sie zieht mich ohne Maßen
Zu ihrer Schönheit Schau.
Ach, ihr mag ich wohl lassen
Der lichten Stunden Blitzen,
Der Träume Dämmertau.

Was fühl' ich denn so heiß
in meinem Busen quellen,
Als wollt' es ihn zerschellen?
Was flüstert an mein Ohr?
Mich dünkt es, eine Stimme
Dring' aus dem Bau hervor
Wie in verhaltnem Grimme,
Wie fernen Meeres Wellen,
Und spricht: O Tor, du Tor!

Kein Haus hast du gekauft, es ward
dir nur verpfändet,
Bis jener Faden endet,
Dess Dauer Keiner kennt
Und Keiner mag verlängen;
Die Spindel rollt und rennt.

Ach, jener Stunde Drängen
Hat Keiner noch gewendet,
So tief die Angst ihn brennt!

Nicht lieblich ist die Frau,
    's ist eine strenge Norne;
Erzittre ihrem Zorne,
Sie schlürft dein Leben auf.
Und muß es dann entrinnen,
So tu' den besten Kauf:
Wohl magst du dir gewinnen,
Was aller Freuden Borne
Wiegt überschwenglich auf.

Drum sorge ferner nicht um
    deines Hauses Wände:
Des Eigentümers Hände
Sind schützend drauf gelegt;
und wie ein Wuchrer handle,
Um was dein Herz bewegt;
Mit jener Frau verwandle
In Himmelshauch die Spende,
Der über'n Abgrund trägt!

Franz Hessel

Pfingsten 1896

Das Schönste war die Erwartung. Sekundaner war ich und in festlicher Stimmung, nicht nur wegen der Feier- und Ferientage. Ich hatte das Pfingstkapitel der Apostelgeschichte zum ersten Mal griechisch gelesen, und das wunderbare Wort γλωσσολαλεῖυ, »in Zungen reden«, mit junger Innigkeit geliebt.

Auch im Hause bereitete das Fest sich vor. Unser Mädchen, die kräftige, muntere Toni, deren Nähe mich oft mehr beschäftigte, als ich mir einzugestehen wagte – denn mit Bewußtsein liebte ich ein zartes Fräulein unseres Kreises verehrerisch von ferne –, die Toni also hatte ihre neuen weißleinenen Schnürschuhe mit einer kreidigen Masse eingerieben und ins sonnenoffene Küchenfenster gestellt. Die wollte sie zu Pfingsten tragen, wenn sie mit ihrem Schatz ausging. Hoffentlich bekam er

Urlaub: Er war bei der Marine, mußte von Kiel herkommen nach Berlin, es konnte allerhand Hindernisse geben. Aber wenn er kam, dann würde sie in diesen schönen, damals modernen Schuhen mit ihm ausgehen und dazu den großen neuen Strohhut aufsetzen.

Ich aber, wenn alles nach Wunsch ging, hatte Aussicht, an einem Ausflug befreundeter Familien teilzunehmen, den auch sie, die ich verehrte, wahrscheinlich mitmachen würde. Es war noch nicht entschieden, ob eine Kremserpartie nach Tegel oder eine Spreedampferfahrt nach Grünau oder nach der Woltersdorfer Schleuse gemacht werden sollte. Ich malte mir für beide Fälle meine Chancen aus. Im Kremser saß man mit all den anderen dicht zusammen, da konnte ich nicht gut mit ihr reden. Wenn aber dann im Tegeler Park das Picknick ausgebreitet würde und die anderen sich gierig auf das Futter stürzten, würde sie sich gewiß etwas abseits halten und dann konnte ich mich gut zu ihr gesellen. Auf dem Spreedampfer hingegen war mehr Spielraum. Hockte die Menge nah um die Musik herum, so war Aussicht, daß Martha gelegentlich ans Heck ging oder auf die Kommandobrücke. Ich hatte ihr soviel zu sa-

gen, vielleicht würde ich es fertigbringen, ihr gar meine Gedanken über das Zungenreden mitzuteilen. Es gab da so verführerische Vergleiche. Kommt nicht auch die Liebe über uns wie die pfingstlichen Feuerzungen, die sich auf die Häupter der Erwählten setzen? Ist sie nicht auch die fremde und gemeinsame Sprache, in der man einander versteht? Mein Kopf war voll demütiger und eitler Gedanken.

Pfingstsonntagmorgen war strahlendes Wetter. Wir fuhren Spreedampfer, aber beständig saß mein erwachsener witziger Vetter Edgar neben Martha. Mich beachtete sie kaum. Gleich hinter der Jannowitzbrücke hatte er sich zu ihr gesellt. Und als die Kapelle zu musizieren begann, reichte er ihr einen Kalmusstengel

zum Blasen und nahm selbst einen an die Lippen. Bei ihm war's mir gleichgültig, daß er die Backen aufblies. Aber Martha, die doch sonst »Wangen« und keine Backen hatte, konnte ich nun, als sie blies, nicht ansehn, sonst bekam auch sie Backen. Die beiden waren sehr miteinander beschäftigt und sahen kaum auf die vorübergleitenden Ufer. Nur manchmal, wenn feiertägliche Spaziergänger vom Lande dem Dampfer zuwinkten, winkten Edgar und Martha auch ein bißchen. Sie mit seidenem Tüchlein. Und dann mußte sie wieder über einen Spaß von Vetter Edgar lachen.

Aber auf der Heimfahrt rückte sie mit einmal von ihm weg. Sie hatte sich über ihn geärgert. Sie stand auf, nahm mich am Arm und setzte sich mit mir abseits von den andern nieder. Mir wurden die abendlichen Ufer mit ihren mageren Kiefernwäldern zur tropischen Landschaft. Unablässig hingen Marthas Blicke an der gleitenden Ferne. Und ich saß schweigsam neben ihr, aber meine Augen folgten den ihren und ich meinte in pfingstlicher Eintracht ihre Gedanken zu denken.

Inzwischen aber hatte der Himmel sich verfinstert. Gewitter grollte. Die ersten Tropfen fielen. Und der Vetter kam an und hatte einen Schirm. Ich hatte keinen. Sie ging unter seinen. »Es war doch so schönes Wetter gewesen«, sagte sie, und dann – ein bißchen dümmlich –: »Ja, der Mensch denkt und Gott lenkt.«

»Der Mensch denkt nicht und Gott lenkt nicht«, sagte der Vetter frivol und sicher und entführte sie in die Kajüte. Ich blieb zurück in Sturm und Regen. Ich hatte einen Pelerinenmantel, in den ich mich tragisch hüllen konnte. Mochte sie lachen mit ihm und im Warmen und Trocknen hocken. Gut, daß ich ihr nichts vom Zungenreden erzählt hatte. Sie konnte sich meinethalben lieber von dem Vetter etwas über Volapük, die praktische Weltsprache, erzählen lassen ...

Als ich spät zu Hause auf mein Zimmer ging, kam ich an Tonis Kammer vorbei. Die Tür stand halb offen. Das Mädchen saß weinend bei der Kerze. Hatte er am Ende keinen Urlaub bekommen oder war er schlecht zu ihr gewesen? Sie war vielleicht gerade so verlassen und enttäuscht wie ich. Teilnahmsvoll und etwas lüstern flüsterte ich: »Warum weinen Sie, liebe Toni?«

Na, sehn Sie doch bloß meinen neuen Hut

an.« – Jetzt bemerkte ich erst, daß eine zerknautschte Vogelscheuchenhaube vor ihr auf dem Tisch lag – »und die Schuhe« – Sie zeigte auf zwei schlammige Gebilde in der Ecke. »So 'n Kommißaffe darf natürlich keinen Schirm mitnehmen. Das soll ein Kavalier sein?«

Sie ist dann auch nicht mehr lange mit ihm »gegangen«, wie die Berliner Dienstmädchen es nennen. Mein Vetter hingegen hat bald danach die Martha geheiratet und ganz zu seiner handfesten Weltanschauung bekehrt. O heiliger Geist...

Gottfried Keller

Berliner Pfingsten

Heute sah ich ein Gesicht,
Wonnevoll zu deuten:
In dem frühen Pfingstenlicht
Und beim Glockenläuten
Schritten Weiber drei einher,
Feierlich im Gange,
Wäscherinnen, fest und schwer!
Jede trug 'ne Stange.

Mädchensommerkleider drei
Flaggten von den Stangen;
Schönre Fahnen, stolz und frei,
Als je Krieger schwangen,
Blau und weiß und rot gestreift,
Wunderbar beflügelt,
Frisch gewaschen und gesteift,
Tadellos gebügelt.

Lustig blies der Wind, der Schuft,
Lenden auf und Büste,
Und von frischer Morgenluft
Blähten sich die Brüste!
Und ich sang, als ich gesehn
Ferne sie entschweben:
Auf und laßt die Fahnen wehn,
Schön ist doch das Leben!

Reife Erdbeeren um Pfingsten
bringen ein gutes Weinjahr.

Friedrich Nietzsche
an Franziska Nietzsche in Gorenzen

Pforta d. 6[–10.] Juni 1862.

Liebe Mamma!
Ich will erst einige Zeilen vor Pfingsten schreiben und den Brief dann nach Pfingsten vollenden. Zuvor meinen herzlichen Dank für deine beiden lieben Briefe, nach denen ich mich schon lange gesehnt hatte. Es freut mich, daß es dir so wohl geht, und ich kann dir glücklicher Weise dasselbe auch über mich melden. Was ich erlebt habe, ist eigentlich wenig, aber doch ganz angenehm. Zuerst Bergtag und Fichtefeier, über die du schon das Wesentliche gelesen hast. Es regnete sehr gemüthlich auf dem Berge, so daß ich nur sehr wenig getanzt habe. Schulfest wie gewöhnlich. In dem Festaktus habe ich mein Gedicht »Ermanarichs Tod« vorgetragen, das ich dir mitsenden würde, wenn ich Zeit zum Abschreiben hätte; es ist

ziemlich lang. Hundstage werde ich es mitbringen. Ich hatte als Censur 2 a darin, es war das beste eigene Gedicht in der Klasse. – Zum Spaziergang war ich dann bei den Tanten in Naumburg. Nachmittag sprach ich lange Mad. Laubscher in Pforte, Abends habe ich wieder nur wenig getanzt.

Was dich noch interessieren könnte, ist, daß ich in einer großen lat. Arbeit »Aus welchen Gründen Cicero ins Exil gieng?« die I als Censur erhalten habe, ob ich gleich sehr stark Partei wider Cicero genommen hatte. Eine I ist seit vielen Jahren bei Prof. Steinhart nicht vorgekommen; du kannst dir vorstellen, wie ich mich darüber freute. Voriges Jahr hatte ich um dieselbe Zeit bei Prof. Korssen eine I in der lateinischen Arbeit.

Ich habe übrigens gehofft, daß du mir deine Photographie zurücklassen würdest. Von meinen 6 Photographien bekommt die Tante Rosalie, Lisbeth und Du eine, die übrigen drei brauche ich in Pforte.

Nach Pfingsten.

Ich habe ganz angenehme Tage verlebt; der erste Feiertag war enorm schwül und heiß, daß man kaum denken konnte; alles war sehr langweilig. Am zweiten fieng es an zu rechter Zeit zu regnen; um ½12 gieng ich nach Naumburg zur Tante Rosalie, wo ich zu Mittag speiste – sehr gut – und Kaffee trank. Eine außerordentlich freundliche Aufnahme! Wir giengen zusammen unter fortwährendem Regen auf den Gottesacker, sahen da die Gräber an; dann zu den lieben Tanten hinaus, wo ich mich ziemlich lange aufgehalten habe und viel zusammen gesprochen. Am Abend aß ich wieder bei der Tante, gieng dann in unser Logis, schlief ganz gut. Stand um 4 Uhr auf, spielte Klavier, trank Kaffee, wozu mir Fr. Lurchenstein Pfingstkuchen brachte. Gieng dann zum Photographen, bei dem ich mich Tags zuvor angemeldet hatte, ließ mich photographiren. Scheint aber nicht besonders geworden zu sein, obgleich Henning behauptete daß alles sehr klar und deutlich sei usw. Die Stellung hat er angegeben; ist sie nicht besonders, so ist's nicht meine Schuld. Hundstage bringe ich dir eine mit. – Dann begab ich mich zu Pinders, wo ich sehr freundlich empfangen wurde und mit Wilhelm und Gust[av]

Naumburg an der Saale

angenehme Stunden verlebte. Alle erkundigten sich sehr nach dir und lassen Dich herzlich grüßen, ebenso Mad. Laubscher. Am Abend um 9 gieng ich wieder heraus, nachdem ich Nachmittags noch mit den Freunden einen kleinen Spaziergang gemacht.

Nun habe ich noch die Bitte, daß du mir so genau als nur irgend möglich schreibst, ob es noch mit der Rügenreise etwas wird oder ob überhaupt es mit einer Reise (mit dem Onkel) etwas werden kann. Wenn nicht, dann ist es mein Wunsch und zugleich der von Hr. Rath Pinder, daß wir drei Freunde zusammen eine Harzparthie machten. Ob nun am Anfang oder am Ende der Ferien, das wäre zu erwägen. Ich könnte vielleicht die ersten 8 Tage in Naumburg sein, dann beginnen die Ferien meiner Freunde, und wir würden sogleich fortreisen, ungefähr 8 Tage brauchen, so daß ich dann das Ferienende in Gorenzen verlebte (2–3 Wochen). Überhaupt bin ich zu jeder Reise gern erbötig; ich reise auch nach Plauen, wenn's gewünscht wird; oder nach Dresden; oder nach Berlin; oder Thüringer Wald. Zu jeder beliebigen Reise finde ich auch unter den Pförtnern am Anfang der Ferien Genossen. – Es sind nicht mehr drei Wochen, liebe Mamma, die Sache hat Eile. –

Sehr gefreut habe ich mich über die guten Nachrichten über den Onkel. Nur daß er schon so bald sein Amt wieder antreten will, das befremdet mich; es scheint mir noch zu zeitig.

Die besten Grüße an Tante und Kinderchen von allen Verwandten und Bekannten und vor allen von mir!

Adieu!
Dein

Fr Nietzsche

Friedrich Nietzsche
an Rosalie Nietzsche in Naumburg

Pforte d. 11 Juni 1862.

Liebe Tante!
Ich ergreife die Gelegenheit, um Dir in einigen Worten meinen herzlichen Dank für Deine so freundliche und wirklich splendide Bewirtung auszusprechen. Ich habe mich so wohl bei Dir gefühlt und so angenehme Stunden verlebt, daß ich jetzt noch sehr gern an den zweiten Pfingsttag zurückdenke, so ungünstig doch das Wetter war. In gleicher Weise war die Aufnahme bei Pinders eine im hohen Grade freundliche und liebevolle. Donnerstag wirst Du von dem Photographen die Visitenkarten bekommen; Du kannst es auch mit ihm gleich über den Preis abmachen. Er weiß, daß ich ein Pförtner bin, und wie Mamma mir schreibt, zahlen Gymnasiasten blos einen Thaler. Du wählst Dir also die beste aus von den Visitenkarten und behält außerdem noch zwei zurück.

Die übrigen 3 holt Wilhelm von Dir ab, um sie mir Sonntag nach Almrich zu bringen.

Im Logis fand ich alles ganz in Ordnung; Malchen zündete noch Licht an und besorgte Waschwasser. Wie ich den Tag verlebt habe, ganz angenehm, wie sich erwarten ließ, kannst Du aus meinem Brief an die Mamma ersehen.

Leider habe ich aber weder Zeit noch Stoff, um noch länger schreiben zu können. Den letzten Sonntag also vor den Hundstagen sehen wir uns, nicht wahr? Da wollen wir alles miteinander verabreden.

Nochmals meinen herzlichsten Dank.

Dein Dich innig liebender
FW Nietzsche

Die Pfingstflammen

Himmel war, Himmel weithin, lagernde
Finsternis,
Nicht stieg die Sonne herauf und mild und
gemach,
Feuer brach aus dem Firmament,
jauchzend und jach,
Weithin durch die Welt Dunkel bei Dunkel
zerriß.
Über die himmlische See schimmernd
erschwammen,
Selige Segler, weißlodernde Flammen.

Weit durch die Weltallweiten,
Ewige Wolken aus ewigen Feuern geballt,
Reisen sie hin, über die Zeiten,
Bisweilen bersten sie auf und regnen
nieder Gewalt.

Keiner suche ihr Leuchten zu schauen, sie
strahlen ihn blind, –
Also fahren die feurigen Pfingsten dahin, wie
Sonnen vor Wind.

Pfingsten der Erde

Selten spenden sie nieder den funkelnden Regen,
Manchmal in heiligen Jahren vergießen sie
säenden Segen.
Dann wird Glut über die Erde verkündet,
Feuer schäumt nieder, Gestöber, flammend
und licht,
In grünen Lohen sind weithin die Kronen
entzündet,
Die Saaten wimmeln, drängend und dicht.
Funken spritzen
Über die Blumen- und Gräserspitzen,
Glanz glimmt an den Böden und Moosen,
Die Waldstreu leuchtet wie Beete von Tulpen
und Rosen,
Rieselnde Scheine
Zucken und schauern um Rinden und Steine,
Kochend treiben an lastenden Hängen in
strotzenden Trauben die Moste und Weine,

Es horchen die Ernten, die Wipfel stehn höher
gereckt, –
Ganz ist die Erde erweckt,
Glut prallt wider mit loderndem Schall,
Kronen und Korne rufen ins All,
Es gleißt, es kreist
Gnade in ihnen, und Gott, und Geist.

Pfingstgebet

O ihr pfingstlichen Flammen, die ihr
Gott offenbart,
Einmal ob uns anhaltet die leuchtende Fahrt!
Haltet über der rastlosen Städte verworrnem
Getos,
Segnet die mühsam schaffende Zeit,
Segnet sie über und über mit Ewigkeit,
Einmal über uns weilt und flammt uns groß!
Einmal, ich weiß, es geschieht:
Es rasten mit eins alle Bahnen, Werke,
Maschinen,
Pfingstliches Licht steht ob der Zeit im Zenith,
Ob den Schlöten ergüldet der Qualm, und es
funkeln die Brücken und Schienen.

Lang durch die Zinshäuserstraßen, in Fabriksaal und Viadukt,
Bis in die Winkel der Obdachlosen.
Versprüht und versplittert,
Feuriges Scheinen zittert
Und schauert und flammt und zuckt.
Doch verblich dann das Licht, hebt neu an das Lärmen und Tosen,
Stahl und Eisen strahlt von inwendiger Sonne durchgleißt,
Stein und Beton erglänzen wie Felsen von Rosen, –
Über den Menschen kreist
Gnade, und Gott, und Geist.

Pfingsten, wenn die Gans auf dem Eise geht!

Ludwig Hofacker

Predigt zu Pfingsten

Und als der Tag der Pfingsten erfüllet war, waren sie Alle einmüthig bei einander. Und es geschah schnell ein Brausen vom Himmel, als eines gewaltigen Windes, und erfüllete das ganze Haus, da sie saßen. Und man sahe an ihnen die Zungen zertheilet, als wären sie feurig. Und er setzte sich auf einen Jeglichen unter ihnen; und wurden Alle voll des heiligen Geistes, und fiengen an zu predigen mit andern Zungen, nachdem der Geist ihnen gab auszusprechen. Es waren aber Juden zu Jerusalem wohnend, die waren gottesfürchtige Männer aus allerlei Volk, das unter dem Himmel ist. Da nun diese Stimme geschah, kam die Menge zusammen, und wurden bestürzt; denn es hörete ein Jeglicher, daß sie mit seiner Sprache redeten. Sie entsatzten sich aber Alle, verwunderten sich, und sprachen unter einander: Siehe, sind nicht diese Alle, die da reden, aus Galiläa? Wie hören wir denn ein Jeglicher seine Sprache, darinnen wir geboren sind? Parther, und Meder, und Elamiter, und die wir wohnen in Mesopotamien, und in Judäa, und Kappadocien, Pontus und Asien, Phrygien und Pamphylien, Egypten, und an den Enden der Lybien bei Kyrene, und Ausländer von Rom, Juden und Judengenossen, Kreter und Araber: wir hören sie mit unsern Zungen die großen Thaten Gottes reden. Sie entsatzten sich aber Alle, und wurden irre, und sprachen Einer zu dem Andern: Was will das werden? Die Andern aber hatten es ihren Spott, und sprachen: Sie sind voll süßen Weins. Da trat Petrus auf mit den Eilfen, hub auf seine Stimme, und redete zu ihnen: Ihr Juden, lieben Männer, und Alle, die ihr zu Jerusalem wohnet, das sey euch kund gethan, und lasset meine Worte zu euren Ohren eingehen. Denn diese sind nicht trunken, wie ihr wähnet; sintemal es ist die dritte Stunde am Tage. Sondern das ist es, das durch den Propheten Joel zuvor gesagt ist: Und es soll geschehen in den letzten Tagen, spricht Gott, Ich will ausgießen von meinem Geist auf alles Fleisch; und eure Söhne und eure Töchter sollen weissagen, und eure Jünglinge sollen Gesichte sehen, und eure Ältesten sollen Träume haben; und auf Meine Knechte und auf Meine

Mägde will Ich in denselbigen Tagen von Meinem Geist ausgießen, und sie sollen weissagen.

Apostelgeschichte 2,1–18.

Ungefähr vier oder fünf Jahre vor dem Pfingstfeste war ein Mann an den Ufern des Jordans, der hieß Johannes. Dieser predigte Buße und Vergebung der Sünden; er verkündigte den Anbruch des Reiches Gottes, und taufte mit Wasser. »Ich taufe euch« – sprach er – »mit Wasser, es kommt aber ein Stärkerer nach mir,

dem ich nicht werth bin, Seine Schuhriemen aufzulösen, der wird euch mit dem heiligen Geiste und mit Feuer taufen.« – Was Johannes damals geweissagt hatte, das ist nun wirklich an dem großen Pfingstfeste eingetroffen; der Herr der Herrlichkeit war aufgefahren in den Himmel; Er hatte sich gesetzt zur Rechten Gottes, und hatte Gaben empfangen für die Menschen. Die erste Gabe aber war der Geist der Wahrheit, die Feuertaufe, die über Seine Jünger ausgegossen wurde. Das Andenken daran feiern wir an dem heutigen Pfingstfeste. Ach, daß es doch dem Herrn gefiele, auch unsere Herzen, mein Herz und eure Herzen zu taufen mit dem heiligen Geist, und mit Feuer und mit Kraft aus der Höhe!

Herr Gott, heiliger Geist! kehre bei uns ein! Herr Jesu, der Du Macht hast über alles Fleisch, alles Fleisch verdorrt, wenn Du nicht Deinen heiligen Geist über dasselbe ausgießest! Lebendiger und lebendig machender Geist, mache uns lebendig, damit wir nicht sterben, nicht ewiglich sterben! Amen.

Es ist merkwürdig, daß die Ausgießung des heiligen Geistes an einem der drei hohen Feste geschehen ist, an welchem Israel zusammen kam, und auch die in der Ferne wohnenden Juden nach Jerusalem hinaufzogen, um die herrlichen Gottesdienste anzuschauen und in dem Tempel Jehovah Lob und Anbetung darzubringen. Wie die tiefste Erniedrigung des Sohnes Gottes, Seine Überlieferung in die Hände Seiner Feinde, wie Seine Verspottung, Seine Geißelung, Seine Kreuzigung fast vor den Augen des ganzen Israel geschah am Feste der Ostern: so sollte auch Seine Erhöhung vor den Augen der Welt, Seine Verklärung durch den heiligen Geist an einem hohen Feste erfolgen, damit alle Welt erkennen möchte, Er sey der Herr der Herrlichkeit, und habe ein neues Reich, ein Reich der Gnade und Erbarmung aufgerichtet, und mit Seinem Blute auf Golgatha versiegelt, also, daß es auch die Pforten der Hölle nicht überwältigen sollen. Das Pfingstfest wurde fünfzig Tag nach Ostern gefeiert. An Ostern feiern die Juden, wie wir Alle wissen, das Andenken an den Auszug aus der Dienstbarkeit Ägyptens; fünfzig Tage darauf aber ward ihnen auf dem rauchenden Berge Sinai das Gesetz gegeben, geschrieben auf steinerne Tafeln, das Gesetz, das die Herzen nicht ändern konnte, sondern nur ein Zaun ward für die äußern groben Missethaten. Ebenso nun, fünfzig Tage nach dem Tode Christi, durch welchen Er die Seinigen erlöst und ausgeführt hat aus der Knechtschaft der Sünde, des Teufels, des Todes und der Hölle – ist erfüllt worden, was der Prophet weissagte. Das neue Gesetz, das Evangelium, ist nicht in steinerne Tafeln, sondern in die Herzen eingeschrieben worden

durch den Griffel des lebendigen Geistes am heiligen Pfingstfeste des Neuen Bundes. Im alten Bunde wurde an jenem Tage die Haushaltung des Gesetzes aufgerichtet; am Pfingstfeste der Christen aber die Haushaltung des Evangeliums; da wurde die Kirche des Neuen Bundes gegründet. O wie fein thut Gott Alles zu seiner Zeit! Er hat Alles in Zeit und Ordnung gefaßt. »Wer hat des Herrn Sinn erkannt? Oder wer ist Sein Rathgeber gewesen?« Den Aposteln hätte die Zeit von der Himmelfahrt bis zu Pfingsten lang werden können; sie hätten denken können: der Herr hat es doch verheißen, nicht lange nach diesen Tagen werden wir mit dem heiligen Geiste getauft werden, und nun sind schon zehn Tage vorbei; – aber so dachten sie nicht: sie überließen sich kindlich der Führung ihres zur Rechten Gottes erhöhten Herrn; sie trauten Seiner Weisheit, Macht, Wahrhaftigkeit, Liebe und Erbarmung, und ließen sich das Warten nicht gereuen, und so kam denn endlich zu rechter Zeit die Verheißung des Vaters.

»Am Tage der Pfingsten nun, als sie einmüthig versammelt waren, geschah schnell ein Brausen vom Himmel, als eines gewaltigen Windes, und erfüllete das ganze Haus.« Wir dürfen nicht glauben, daß dieser Wind der Geist selbst gewesen sey; dieser Sturm war vielmehr nur ein Vorbote und Anzeige des Geistes, der auf die Apostel fiel. So offenbarte sich auch der Herr dem Elias. Eine Stimme sprach zu ihm: »gehe heraus und tritt auf den Berg vor den Herrn«, und da er heraustrat, siehe, da war ein Sturm; aber der Herr war nicht im Sturm. Nach dem Sturm aber kam ein Erdbeben, aber der Herr war nicht im Erdbeben; und nach dem Erdbeben kam ein Feuer, aber der Herr war nicht im Feuer; und nach dem Feuer kam ein stilles, sanftes Sausen, also, daß Elias sein Antlitz verhüllte und anbetete. Nicht gewaltsam dringt der Geist des Herrn in die Seelen der Menschen ein, sondern er ist im stillen, sanften Sausen. Wenn du solches in deinem Inwendigen vermerkst: dann ist die Zeit, daß du dein Angesicht verhüllst und hörst, was dir dein Gott zu sagen hat.

Da sah man nun Feuerzungen sichtbar werden, und »Er« setzte sich auf einen Jeglichen unter ihnen, und sie wurden Alle voll des heiligen Geistes, und fingen an zu predigen mit andern Zungen, nachdem der Geist ihnen gab auszusprechen. In andern Sprachen fingen sie an zu predigen; in Sprachen, die sie niemals erlernt hatten, verkündigten sie die großen Thaten Gottes. Sie durften sich nicht besinnen, es floß Alles frei und ungezwungen aus der Fülle des Geistes. Das war eine unerhörte, erstaunliche Wirkung des heiligen Geistes. Wir dürfen jedoch nicht glauben, daß es ein verworrenes Geschrei gewesen sey; das wäre nicht übereinstimmend gewesen mit dem Geiste Gottes, der ein Geist der Ordnung, des Raths, der Weisheit und der Zucht ist; das wäre ja nach dem Geiste dieser Welt gewesen; denn wie geht es in der Welt zu, wenn die Gemüther von der Hölle, von Zorn, Rachgier oder andern Leidenschaften entzündet sind? Denket euch hundert und zwanzig Menschen, die von Leidenschaft erfüllt sind, was würde für ein verworrenes Geschrei entstehen; wie würde der Eine den Andern übertäuben; wie würde der Eine seine Meinung zuerst sagen wollen vor dem Andern; wie würde immer der Eine es besser wissen wollen als der Andere! Das ist nicht die Art des Geistes Gottes. Wahrscheinlich wird Einer nach dem Andern gesprochen, und die großen Thaten Gottes in einer neuen Sprache verkündigt haben. Die Andern freilich, die auch voll heiligen Geistes waren, werden nicht ruhig in starrer Stumpfheit und lebloser Steifheit da gesessen seyn, sondern durch Mienen und Geberden, durch stille Anbetung und Lob Gottes die Freude ihres Herzens ausgedrückt haben, so daß ein geistlich blinder und todter Mensch sie wohl für betrunken halten konnte.

In fremden Sprachen redeten sie zum Zeichen, daß das Evangelium für alle Nationen sey, für alle Sprachen und Zungen, für alle Menschen, die im Osten und Westen, im Süden und Norden wohnen, für die große Schaar, die Johannes sah im Gesicht, aus allerlei Geschlechtern, Nationen und Zungen.

Karl Rahner

Wegweisung – Pfingstsonntag

Pfingsten ist die Vollendung von Ostern. Denn Pfingsten ist die Vollendung der heiligen Geheimnisse, deren Gedächtnis wir in der Osterzeit begehen, des Geheimnisses des Opfertodes des Herrn, seines Sieges in der Auferstehung, seines Eingangs in die Ewigkeit des Vaters in der Himmelfahrt. Alles dieses ist nur geschehen, damit der Geist Gottes unser Anteil werde. Alle diese Ereignisse hatten nur das eine Ziel: die Erde und den Menschen zu entsühnen und dieser entsühnten Welt Gott selbst zu geben. Darum ist Pfingsten die Vollendung von Ostern. Weil der Sohn des Vaters unsere Menschheit in das Licht des Vaters und des Sohnes in heiliger Glut in unsere Herzen gefallen. Weil der Menschensohn gestorben ist dem Fleische nach, darum kann von nun an der Mensch im Heiligen Geist das Leben Gottes

leben. Der Heilige Geist des ewigen Gottes ist gekommen, er ist da, er lebt in uns, er heiligt uns, er stärkt uns, er tröstet uns, er ist das Unterpfand des ewigen Lebens, das Angeld des grenzenlosen Sieges.

Gott ist unser. Nicht mehr seine Gaben, seine bloß geschaffenen Gaben, die so endlich wie wir selber sind, hat er uns gegeben, nein sich selbst, sich selbst mit der Unbedingtheit seines Wesens, mit der Klarheit seines wissenden Selbstbesitzes, mit der Freiheit seiner Liebe, mit der Seligkeit seines dreipersönlichen Lebens. Sich selbst hat er uns geschenkt. Und wir nennen diesen Gott, der sich selbst verschenkte, den Heiligen Geist. Er ist unser. Er ist in jedem Herzen, das ihn glaubend und demütig ruft. So sehr ist er unser, daß man eigentlich nicht mehr sagen kann, was der Mensch sei, man sage denn, daß Gott selbst sein ist. Gott ist *unser* Gott. Das ist die Botschaft von Pfingsten.

Pfingsten

Auf die Geistsendung hin hat Jesus gelebt und gelitten. In seiner Auferstehung empfängt er von Gott den Geist in quellhafter Fülle, um ihn all denen mitzuteilen, für die er Mensch wurde und sich kreuzigen ließ. »Durch die Rechte Gottes erhöht, hat er die Verheißung, den Heiligen Geist, vom Vater empfangen und diesen ausgegossen, wie ihr seht und hört«, deutet Petrus in seiner ersten Predigt das Pfingstgeschehen.

Wir empfangen den Heiligen Geist als Geist unseres Bruders und Herrn Jesus Christus – das aber bedeutet: in einer Anschmiegung an unser menschliches Maß und Wesen, die es uns möglich macht, ihn aufzunehmen.

Die Geistsendung ist also *das* messianische Geschenk schlechthin, *die* Auswirkung der Erhöhung Christi, Inbegriff seiner Ausstrahlung als Licht der Welt, die einzigartige und fortdauernde Bezeugung und Verdeutlichung der Wirklichkeit Ostern schon hier und jetzt.

Karol Wojtyla

Wegweisung – Pfingstmontag

Jesus, das »Ebenbild des unsichtbaren Gottes« gab seinen Aposteln die Verheißung: »Ihr werdet die Kraft des Heiligen Geistes empfangen, der auf euch herabkommen wird; und ihr werdet meine Zeugen sein in Jerusalem und in ganz Judäa und Samaria und bis an die Grenzen der Erde«. Diese Verheißung war gleichzeitig eine Aufforderung.

Nachdem sie vom Ölberg zurückgekehrt waren, verharrten die Apostel einmütig im Gebet und warteten auf die Erfüllung der großen Verheißung. Dieses Gebet der im Abendmahlssaal versammelten Apostel wurde zu einem Bild der entstehenden Kirche. Unter ihnen war auch die Mutter Christi; die Kirche, die aus dem Kreuz, aus der Erlösung als der mystische Leib ihres Sohnes hervorging, sah sie von Anfang an als ihre Mutter an, nicht nur als die Mutter

Christi, sondern auch als ihre eigene Mutter. Diesen Gedanken hat auch Papst Paul VI. ausgesprochen: Maria als die Mutter der Kirche gehört zum »Credo des Gottesvolkes«, zu seinem lebendigen Glauben... Die Geburt der Kirche ist gleichbedeutend mit einer endgültigen Umwandlung der Herzen der Apostel. Erst in diesem Moment werden die von Christus ausgewählten Apostel bezeugen, die gekommen waren, das Pfingstfest in Jerusalem zu feiern. Dieses Zeugnis ist verbürgt, es wird von der »Kraft von oben« bestätigt. Und es ist sehr wirkkräftig; es trägt in den Seelen der Zuhörer Frucht. So entsteht die Kirche: das Gottesvolk des Neuen Bundes.

Diese neue Kirche hört nie auf, ihren Blick auf Christus zu richten. Die Kirche sieht in ihm den Vater. Und sie ruft unablässig den Heiligen Geist an: »Vater aller Armen du, aller Herzen Licht und Ruh, komm mit deiner Gaben Zahl«.

Romano Guardini

Gebet zu Pfingsten

Heiliger Geist, Du bist uns gegeben nach der Weise des Geistes. Du bist bei uns in einem immer neuen Kommen.

Nimm, o Geist Jesu Christi, was sein ist, und gib es mir, damit es mein werde. Laß Dein Licht in mir aufleuchten, damit ich seine Wahrheit erkenne, lehre mich lieben, denn ohne die Liebe ist die Wahrheit tot... Überzeuge mein Herz von Gottes Liebe, und gib mir die Kraft, ihn wieder zu lieben, damit ich in Gott bleibe und er in mir.

Augustinus

Gottes Geist in uns

Atme in mir, du Heiliger Geist,
daß ich Heiliges denke.
Treibe mich, du Heiliger Geist,
daß ich Heiliges tue.
Locke mich, du Heiliger Geist,
daß ich Heiliges liebe.
Stärke mich, du Heiliger Geist,
daß ich Heiliges hüte.
Hüte mich, du Heiliger Geist,
daß ich Heiliges nimmer verliere.

Otto Kallsen

Reichstag zu Mainz

Mächtig gebot von jetzt an des Kaisers Wille in dem weiten Reiche diesseits und jenseits der Alpen; der in einem vielbewegten Leben unablässig genährte Traum von einer Weltherrschaft schien sich zu verwirklichen. Leibhaftig trat die Fülle der Herrscherhoheit vors Auge, als im Pfingsten 1184 der glänzende Reichstag zu Mainz sich versammelte, um das Fest der Schwertleite oder Schwertumgürtung der beiden ältesten Kaisersöhne zu feiern.

Mainz war von dem Kaiser zu diesem Fest ausersehen; einst hatte die Stadt die Hand des zürnenden Herrschers gefühlt, als sie in wahnsinniger Wut sich an dem Leben ihres geistlichen Oberhauptes vergriffen. Seitdem war fast ein Menschenalter vergangen, die Schuld gesühnt, der Sinn des Kaisers milder geworden; der Mainzer Erzbischof hatte ein thatenreiches

Leben im Dienste des Reiches verbracht. Nun war es wie eine Bestätigung neugewonnener Huld, daß gerade hier die Kaisersöhne zu Rittern geschlagen werden sollten. Schon seit langer Zeit arbeiteten Tausende von Händen auf der rechten Seite des Rheines der Stadt gegenüber in der vom Taunus abgegrenzten herrlichen Ebene, eine neue Stadt aus Holzbauten und Zelten zu errichten, um die Gäste aufzunehmen, die der kaiserliche Wirt aus allen Teilen seines weiten Reiches zum Feste geladen hatte; denn Mainz selber vermochte sie nicht alle zu fassen. In der Mitte dieser leichtgezimmerten Stadt erhob sich aus Holz ein prachtvoller Palast für den Kaiser, nahe daran eine Kirche; um sie lagen die Zelte, welche die Fürsten für sich mit wetteifernder Pracht schmücken ließen, dann in weiter stets geschweiftem Bogen, buntfarbig mit Fahnen verziert, in zahlloser Menge die Gezelte der ritterlichen Mannen. Rheinaufwärts wie rheinabwärts wurde Wein und was sonst das Menschenherz erfreut und zum Lebensunterhalt dient in

Wappen von Mainz

schier unglaublicher Menge herbeigeschafft; voll Verwunderung berichtet ein alter Chronist, wie zwei große Häuser von oben bis unten mit Hühnern angefüllt waren, so dicht gedrängt, daß kein Blick durch sie hindurchdringen konnte, zum Erstaunen vieler, die kaum geglaubt hatten, daß so viele Hühner überhaupt in der Welt vorhanden wären. Wahrhaft kaiserlich waren die Zurüstungen, und der Kaiser war ja auch der Gastgeber, der die Fürsten und Edlen seines Reiches drei Tage lang bewirten wollte. Und sie erschienen in den wonnigen Maitagen, die Fürsten mit ihren Mannen und die Großwürdenträger der Kirche aus allen Teilen des Reiches, aus Bayern, Franken, Sachsen, Schwaben, Österreich, Böhmen, Burgund und Lothringen, von den Küsten der Slawen, aus den Ländern der Alpen und Pyrenäen, aus Italien, selbst von Frankreich und England kamen fremde Beschauer heran; unermeßlich war die Menge des heranflutenden niedern Volkes, dazu die fahrenden Sänger, Spielleute und

Gaukler. Auf 40 000, nach anderm Bericht auf 70 000 belief sich allein die Zahl der Ritter. Philipp von Köln kam mit 1700 Reisigen oder – wenn wir dem Berichte des Chronisten Arnold von Lübeck glauben wollen – sogar mit 4064 Rittern; Pfalzgraf Konrad bei Rhein, Landgraf Ludwig von Thüringen, Konrad von Wittelsbach, der Erzbischof von Mainz – jeder mit 1000; mit stattlichen Rittergefolgen die Herzöge Leopold von Österreich, Otto von Bayern, Welf VI., Berthold von Zäringen, der Herzog von Brabant, die Markgrafen von Brandenburg, von Meißen, von Steiermark, die Pfalzgrafen von Tübingen und Bayern; nicht minder prächtig waren die Geleite der Erzbischöfe, Bischöfe und Äbte. Und in diesem Waffenglanz der Männer der schönste Schmuck war der Kreis der minniglichen Frauen, welche die Festesfeier zu schauen gekommen waren; unter ihnen die Kaiserin Beatrix, die Mutter der herrlichen Jünglinge, deren Ritterfest zu begehen Deutschland, was es an Kraft und Weisheit, an Ritterlichkeit und Schönheit besaß, hingesandt hatte in die wonnige Rheinebene. Laut erklang Saitenspiel und Gesang in den fürstlichen Zelten und ringsum über den weiten Plan, und die Sänger sangen die alten wunderbaren Mären ihres Volkes, von Karl dem Großen, dem Helden Roland, von König Artus und seiner Tafelrunde; sie priesen die Schönheit der Frauen und berichteten von der Lust und dem Leide der Minne.

Am ersten Pfingsttage, den 20. Mai, ging ein Festzug in die Kirche; dem Kaiserpaare voran Graf Balduin von Hennegau mit dem Reichsschwert, dann Kaiser Friedrich und seine Gemahlin Beatrix, mit goldenem Stirnreif geschmückt, hinter ihnen König Heinrich, der die Königskrone trug, und Herzog Friedrich. Als nun der Kaiser die Kirche betreten und bei ihm die höchsten Kirchenhäupter und die Fürsten nach ihrem Range und nach altem Herkommen sich niedergelassen hatten, da erhob sich der Abt von Fulda und sprach also zu ihm: Ich bitte euch, o Herr, mich anhören zu wollen. Der Kaiser antwortete: ich höre. Darauf sagte er: Herr, schon seit geraumer Zeit hat der Kölner Herr, der hier anwesend ist, die Kirche und das Kloster von Fulda, welchem ich durch Gottes Gnade und eure Güte vorstehe, eines ihr zukommenden Rechtes beraubt. Der Kaiser erwiderte: Bezeichnet näher, was ihr meint. Der Abt sagte: Die Kirche von Fulda hat das ihr von den alten Kaisern verliehene Vorrecht, daß, so oft zu Mainz ein allgemeiner Hoftag gehalten wird, der Abt von Fulda dem Kaiser zur Linken sitzt, während der Erzbischof rechts von demselben seinen Sitz hat; da nun aber der Kölner Herr mich schon lange aus dieser Stelle verdrängt hat, so bitten wir euch zu verhüten, daß er auch heute den mir gebührenden Platz widerrechtlich einnehme. Da sagte der Kaiser zum Erzbischof: Höret ihr, was der Abt sagt? In Folge seines Gesuches bitten wir euch, heute unser Fest nicht stören zu wollen und ihm den Platz, auf den er Anspruch zu haben behauptet, nicht zu verweigern. Nach dieser Anrede erhob sich der Erzbischof und sprach: Herr, es geschehe, wie es euch gefällt; der Herr Abt möge den Platz, den er verlangt, einnehmen, ich aber will mich mit eurer Erlaubnis in meine Herberge begeben. Als er sich darauf schon zum Fortgehen anschickte, stand an der Seite des Kaisers der Bruder desselben, der Pfalzgraf vom Rhein, auf und sprach: Ich bin ein Lehnsmann des Kölner Herrn; es ist billig, daß ich ihm folge, wohin er geht. Darauf erhob sich auch der Graf von Nassau und sprach: Auch ich werde mit eurer Erlaubnis meinem Herrn, dem Erzbischof, folgen. Ebenso erklärte sich der Herzog von Brabant und viele andere vornehme Männer. Da entgegnete Landgraf Ludwig, welcher ein Lehnsmann des Abtes war, dem Grafen von Nassau: Ihr habt euer Lehen heute schön verdient. Jener antwortete: Ich habe es verdient und werde das beweisen, wenn es notthut. Als nun der Erzbischof fortging, sprang der jugendliche König Heinrich, der ein gewaltiges Aufsehn entstehen sah, von seinem Sitze auf, fiel dem Erzbischof um den Hals und sprach: Ich bitte dich, liebster Vater, bleibe hier und verwandle unsere Freude nicht in Trauer. Auch der Kaiser selbst bat ihn zu bleiben, indem er sagte: Ich habe in meines Herzens Einfalt gesagt, was ich gesagt habe, und ihr wollt mit erregtem Gemüte fortgehen? Thut doch so Übles nicht und verkehret nicht unsere Ruhe in die größte Unruhe. Da antwortete der Erzbischof: Ich hätte nicht gedacht, daß ihr mir in Gegenwart aller Fürsten eine solche Kränkung zufügen würdet. Sehet, ich bin in eurem Dienst alt geworden, und für den Kampf, den ich mit Gefahr meines Lebens für euch bestanden habe, zeugen die grauen Haare meines Hauptes. Viele Beängstigungen und Bekümmernisse habe ich durchgemacht und um des Kaisertumes willen mich niemals geschont. Und da ich nun in allen Fährlichkeiten keinem nachgestanden, so wundert es mich, daß ihr mir heute diesen Abt habt vorziehen wollen, dessen Anmaßung euch selbst mir verdächtig macht; denn hätte er nicht gemerkt, daß ihr mit meiner Demütigung einverstanden wart, so hätte er gegen mich nie seine Ferse erhoben. Jetzt mögen denn, wenn's beliebt, die Sessel in üblicher Weise hingestellt werden, und wenn er den meinigen umstößt, so mag er ohne Widerspruch dem Höchstgestellten gleich sein. Da erhob sich der Kaiser und sprach: Meine Unschuld in bezug auf euren Vorwurf erkläre ich hiemit ausdrücklich; habt ihr aber noch Argwohn, so bin ich bereit, mich auf der Stelle mit einem Eide zu rechtfertigen. Und damit streckte er die Hand aus, um sie sogleich auf die Reliquien zu legen; denn diese pflegte man damals bei der Eidesleistung zu berühren. Als der Erzbischof dies vernahm, wurde er ruhig und sprach: Das genügt, euer Wort gilt mir statt eines Eides. Die aber, die diese Störung verursacht haben, werden sich nicht so leicht von diesem Verdachte reinigen können. Der Kaiser aber sagte zum Abte: Ihr müßt von dieser Gerechtigkeit, die ihr verlangt, abstehen und dem Erzbischof den höheren Platz lassen. So war der Streit beendigt, der Abt jedoch nahm nicht ohne Beschämung den untern Platz ein.

Nach beendeter Messe verließ der Festzug die Kirche, und der Rest des Tages verging in prächtigen Gelagen. Die ersten Fürsten des Reiches verrichteten dabei an der kaiserlichen Tafel nach alter, von den Franken ererbter Sitte die Dienste des Truchseß, des Mundschenken, des Kämmerers und Marschalls.

Am zweiten Tage begannen nach der Frühmesse die großartigen Waffenspiele, zwanzigtausend Ritter überboten sich wetteifernd in ritterlichen Künsten aller Art, und selbst der Kaiser ritt noch in die Schranken, von seinem Lanzenträger, dem Grafen Balduin von Hennegau, begleitet. König Heinrich und Herzog Friedrich tummelten lustig ihre prächtig geschmückten Rosse und zeigten ihre Geschicklichkeit in der Führung der Waffen; dreimal rannten sie auf Lanzen, dann erprobten sie sich im Schwertkampf unter dem Jubelruf der Versammlung. Nach bestandener Waffenprobe schlug der Kaiser selber sie zu Rittern und umgürtete sie mit dem Schwert, dem Abzeichen des Mannes. Diese Schwertleite war die alte feierliche Mündigkeitserklärung, von den Vorvätern ererbt. So wurde einst auch in der germanischen Urzeit der herangereifte Jüngling mit Schild und Speer in der Volksversammlung geschmückt und damit als freier Mann unter die Freien aufgenommen. Reiche Geschenke an Gewändern, Pferden, Waffen, Gold und Silber, welche die beiden jungen Ritter verteilten, verbreiteten die Festesfreude auch unter die herbeigeströmten Dienstmannen, Pilger, Sänger, Gaukler und Gauklerinnen.

Der dritte Tag verging ebenfalls unter Waffenspiel und festlichen Gelagen. Gegen Abend aber störte ein plötzlich sich erhebender Wirbelwind zeitweilig die allgemeine Freude. Der Weststurm riß die hölzerne Kirche und viele Zelte nieder, wobei fünfzehn Menschen das Leben einbüßten. Der krasse Aberglauben der Zeit war geschäftig den Unfall zu deuten. Manchem erschien dies später als ein Hinweis auf den bald erfolgenden Tod der Kaiserin; andere sahen darin den Zorn Gottes über die eitle

Schaustellung der weltlichen Herrlichkeit. Die aber, welche sich ihr fröhliches Herz nicht durch den leidigen Unfall trüben lassen wollten und sich ein freieres Urteil bewahrten, erklärten, es sei das Werk des Teufels, der seinen Zorn auslasse, weil die Uneinigkeit unter den Fürsten, die er angeschürt, und die Unruhen im Reich ein Ende genommen hätten.

Und wahrlich, diejenigen, welche eine so patriotische Anschauung von den Zuständen ihres Vaterlandes äußerten, hatten recht. Nach langer trüber Zeit voll innern Haders gebot ein mächtiger Kaiserwille im Reiche, und mit Bewunderung hatte Europa die Fülle deutscher Herrlichkeit, der keine Macht des Abendlandes sich vergleichen konnte, auf dem Mainzer Feste sich entfalten sehen. Diese große Feier, in welcher der Hohenstaufenkaiser den glänzenden Mittelpunkt bildete, hatte den stolzen Gedanken der Kaiser, Richter und Schirmer der europäischen Welt zu sein, vor aller Augen offenbart. So ist der Mainzer Tag ein unvergänglicher Gedenktag mittelalterlicher nationaler Größe, und wie schon die Zeitgenossen auf ihn mit feiernder Verehrung und berechtigten patriotischen Gefühlen hinsahen, ist er auch der

Nachwelt eine stolze Erinnerung an unsere vergangene Geschichte geblieben. Denn hinter allem Glanze des Rittertums, hinter dem heitern Spiele der Sänger, der Pracht und Fülle des großen Festes liegt gleichzeitig der Ernst und die Wucht eines die Geschicke der Nebenländer bestimmenden Regiments. Während der Mainzer Tage beriet der Kaiser den Feldzug gegen die Polen, wo das schiedsrichterliche Ansehen des Reiches in innern Streitigkeiten zu erlöschen drohte, und bald nach Beendigung des Festes brach König Heinrich, der neuernannte Ritter, wider sie auf; doch ehe er noch die Polen erreichte, hatten sie bereits die deutsche Oberhoheit aufs neue anerkannt. Ebenso beschloß der Kaiser in Mainz, auf ein Hilfegesuch des Grafen Philipp von Flandern, der in seinem Grenzgebiete zugleich

Barbarossa

Lehnsmann des Kaisers und des französischen Königs war, sein Schwert gegen Frankreich zu ziehen; aber sofort nach dem kaiserlichen Beschluß bemühte sich der König durch einen Waffenstillstand mit dem Grafen die deutschen Waffen von sich abzuwenden. Mit Genugthuung sehen wir, wie nicht nur im Innern, sondern auch nach außen hin das Kaiserwort die Entscheidung bringt; und mit Recht ist von einem modernen Geschichtschreiber hervorgehoben worden, daß Friedrichs glänzender Reichstag zu Mainz der Höhepunkt in der Geschichte des großen Hohenstaufen ist. Wir begreifen es, wie die mittelalterlichen Sänger, sowohl die, welche das schönste Fest selber erlebten, wie die, welchen es als Abbild der Größe des Reiches und des Kaisers überliefert worden, nicht müde wurden, die drei Festtage als deutsche Ehrentage zu feiern, und wie Heinrich von Veldeke, der Dichter der Aeneide, weissagen konnte, nach hundert Jahren noch werde man singen und sagen, ja bis an den jüngsten Tag Wunder verkünden von der Ehre, die dem Kaiser Friedrich zu Mainz geschehen sei.

Adalbert Stifter

Und immer schönere Tage kamen und schönere

Wohl kam Pfingsten näher und näher, aber zu der Schwüle, die unbekannt und unsichtbar über des Jünglings Herzen hing, gesellte sich noch eine andere, über dem ganzen Dorfe drohend, ein Gespenst, das mit unhörbaren Schritten nahte – nämlich jener glänzende Himmel, zu dem Felix sein inbrünstiges Auge erhoben, als er jene schwere Bitte abgesandt hatte, jener glänzende Himmel, zu dem er vielleicht damals ganz allein emporgeblickt, war seit der Zeit wochenlang ein glänzender geblieben, und wohl hundert Augen schauten nun zu ihm ängstlich auf. Felix, in seiner Erwartung befangen, hatte es nicht bemerkt; aber eines Nachmittags, da er gerade von der Haide dem Dorfe zuging, fiel ihm auf, wie denn heuer gar so schönes Wetter sei; denn eben stand über der verwelkenden Haide eine jener prächtigen Erscheinungen, die er wohl öfters, auch in morgenländischen Wüsten, aber nie so schön gesehen, nämlich das Wasserziehen der Sonne: – aus der ungeheuren Himmelsglocke, die über der Haide lag, wimmelnd von glänzenden Wolken, schossen an verschiedenen Stellen majestätische Ströme des Lichtes, und, auseinanderfahrende Straßen am Himmelszelte bildend, schnitten sie von der gedehnten Haide blendend goldne Bilder heraus, während das ferne Moor in einem schwachen milchichten Höhenrauche verschwamm.

So war es dieser Tage oft gewesen, und der heutige schloß sich wie seine Vorgänger; nämlich zu Abends war der Himmel gefegt und zeigte eine blanke, hochgelb schimmernde Kuppel.

Felix ging zu der Schwester, und als er spät abends in sein Haus zurückkehrte, bemerkte er auch, wie man im Dorfe geklagt, daß die Halme des Kornes so dünne standen, so zart, die wolligen Ähren pfeilrecht empor streckend, wie ohnmächtige Lanzen.

Am andern Tage war es schön, und immer schönere Tage kamen und schönere.

Alles und jedes Gefühl verstummte endlich

vor der furchtbaren Angst, die täglich in den Herzen der Menschen stieg. Nun waren auch gar keine Wolken mehr am Himmel, sondern ewig blau und ewig mild lächelte er nieder auf die verzweifelnden Menschen. Auch eine andere Erscheinung sah man jetzt oft auf der Haide, die sich wohl früher auch mochte ereignet haben, jedoch von niemand beachtet; aber jetzt, wo viele tausend und tausend Blicke täglich nach dem Himmel gingen, wurde sie als unglückweissagender Spuk betrachtet: nämlich ein Waldes- und Höhenzug, jenseits der Haide gelegen und von ihr aus durchaus nicht sichtbar, stand nun öfters sehr deutlich am Himmel, daß ihn nicht nur alles sah, sondern daß man sich die einzelnen Rücken und Gipfel zu nennen und zu zeigen vermochte – und wenn es im Dorfe hieß, es sei wieder zu sehen, so ging alles hinaus und sah es an, und es blieb manchmal stundenlang stehen, bis es schwankte, sich in Längen- und Breitenstreifen zog, sich zerstückte, und mit eins verschwand.

Die Haidelerche war verstummt; aber dafür tönte den ganzen Tag und auch in den warmen, taulosen Nächten das ewige einsame Zirpen und Wetzen der Heuschrecken über die Haide und der Angstschrei des Kiebitz. Das flinke Wässerlein ging nur mehr wie ein dünner Seidenfaden über die graue Fläche, und das Korn und die Gerste im Dorfe standen fahlgrün und wesenlos in die Luft und erzählten bei jedem Hauche derselben mit leichtfertigem Rauschen ihre innere Leere. Die Baumfrüchte lagen klein und mißreif auf der Erde, die Blätter waren staubig, und von Blümlein war nichts mehr auf dem Rasen, der sich selber wie rauschend Papier zwischen den Feldern hinzog.

Es war die äußerste Zeit. Man flehte mit Inbrunst zu dem verschlossenen Gewölbe des Himmels. Wohl stand wieder mancher Wolkenberg tagelang am südlichen Himmel, und nie noch wurde ein so stoffloses Ding wie eine Wolke von so vielen Augen angeschaut, so sehnsüchtig angeschaut, als hier – aber wenn es Abend wurde, erglühte der Wolkenberg purpurig schön, zerging, lösete sich in lauter wunderschöne zerstreute Rosen am Firmamente auf, und verschwand – und die Millionen freundlicher Sterne besetzten den Himmel.

So war der Freitag vor Pfingsten gekommen;

die weiche, blaue Luft war ein blanker Felsen geworden. Vater Niklas war nachmittags über die Haide gekommen, das Bächlein war nun auch versiegt, das Gras bis auf eine Decke von schalgrauem Filze verschwunden, nicht Futter gebend für ein einzig Kaninchen; nur der unverwüstliche und unverderbliche Haidesohn, der mißhandelte und verachtete Strauch, der Wacholder, stand mit eiserner Ausdauer da, der einzige lebhafte Feldbusch, das grüne Banner der Hoffnung; denn er bot freiwillig gerade heuer eine solche Fülle der größten blauen Beeren, so überschwenglich, wie sich keines Haidebewohners Gedächtnis entsinnen konnte. – Eine plötzliche Hoffnung ging in Niklas' Haupte auf, und er dachte als Richter mit den Ältesten des Dorfes darüber zu raten, wenn es nicht morgen oder übermorgen sich änderte. Er ging weit und breit und betrachtete die Ernte, die keiner gesäet und auf

die keiner gedacht, und er fand sie immer ergiebiger und reicher, sich, weiß Gott, in welche Ferne erstreckend – aber da fielen ihm die armen tausend Tiere ein, die dadurch werden in Notstand versetzt sein, wenn man die Beeren sammle: Allein er dachte, Gott der Herr wird ihnen schon eingeben, wohin der Krammetsvogel fliegen, das Reh laufen müsse, um andere Nahrung zu finden.

Da er heimwärts in die Felder kam, nahm er eine Scholle und zerdrückte sie, aber sie ging unter seinen Händen wie Kreide auseinander – und das Getreide, vor der Zeit Greis, fing schon an, sich zu einer tauben Ernte zu bleichen. Wohl standen Wolken am Himmel, die in langen milchweißen Streifen tausendfasrig und verwaschen die Bläue durchstreiften, sonst immer Vorboten des Regens; aber er traute ihnen nicht, weil sie schon drei Tage da waren, und immer wieder verschwanden, als würden sie eingesogen von der unersättlichen Bläue. Auch manch anderer Hausvater ging händeringend zwischen den Feldern, und als es Abend geworden und selbst zerstückte Gewitter um den Rand des Horizontes standen und sich gegenseitig Blitze zusandten, sah ein von der Stadt heimfahrender Bauer selbst die halbgestorbene Großmutter mitten im Felde knien und mit emporgehobenen Händen beten, als sei sie durch die allgemeine Not zu Bewußtsein und Kraft gelangt und als sei sie die Person im Dorfe, deren Wort vor allen Geltung haben müsse im Jenseits.

Die Wolken wurden dichter, aber blitzten nur und regneten nicht.

Wie Vater Niklas zwischen die Zäune bog, begegnete er seinem Sohne, und siehe, dieser ging mit traurigem Angesichte einher, mit weit traurigerem, als jeder andere im Dorfe.

»Guten Abend, Felix«, sagte der Vater zu ihm, »gibst du denn die Hoffnung ganz auf?«

»Welche Hoffnung, Vater?«

»Gibt es denn eine andere als die Ernte?«

»Ja, Vater, es gibt eine andere; die der Ernte wird in Erfüllung gehen, die andere nicht. Ich will es Euch sagen, ich selber habe etwas für Euch und das Dorf getan. Ich habe zu den Obrigkeiten der fernen Hauptstadt geschrieben und ihnen den Stand der Dinge gemeldet; ich habe Freunde dort, und manche haben mich lieb gehabt – sie werden Euch helfen, daß Ihr keinen Hauch von Not empfinden sollet, und auch ich werde so viel helfen, als in meiner Kraft ist. Aber tröstet Euch und tröstet das Dorf: alle Hilfe von Menschen werdet Ihr nicht brauchen; ich habe den Himmel und seine Zeichen auf meinen Wanderungen kennengelernt, und er zeigt, daß es morgen regnen werde. – Gott macht ja immer alles, alles gut, und es wird auch dort gut sein, wo er Schmerz und Entsagung sendet.«

»Möge dein Wort in Erfüllung gehen, Sohn, daß wir zusammen glückliche Festtage feiern.«

»Amen«, sagte der Sohn, »ich begleite Euch zur Mutter; wir wollen glückliche Festtage feiern.«

Pfingstsamstags-Morgen war angebrochen, und der ganze Himmel hing voll Wolken; aber noch war kein Tropfen gefallen. So ist der Mensch. Gestern gab jeder die Hoffnung der Ernte auf, und heute glaubte jeder, mit einigen Tropfen wäre ihr geholfen. Die Weiber und Mägde standen auf dem Dorfplatze und hatten Fässer und Geschirr hergebracht, um, wenn es regne und der Dorfbach sich fülle, doch auch heuer, wie sonst, ihre Festtagsreinigungen vornehmen zu können und feierliche Pfingsten zu halten. Aber es wurde Nachmittag, und noch kein Tropfen war gefallen, die Wolken wurden zwar nicht dünner – aber es kam auch Abend, und kein Tropfen war gefallen.

Spät nachts war der Bote zurückgekommen, den Felix in die Stadt zur Post gesendet, und brachte einen Brief für ihn. Er lohnte den Boten, trat, als er allein war, vor die Lampe seines Tisches und entsiegelte die wohlbekannte Handschrift:

»Es macht mir vielen Kummer, in der Tat, schweren Kummer, daß ich Ihre Bitte abschlagen muß. Ihre selbstgewählte Stellung in der Welt macht es unmöglich, zu willfahren; meine Tochter sieht ein, daß es so nicht sein kann, und hat nachgegeben. Sie wird den Sommer und Winter in Italien zubringen, um sich zu erholen, und sendet Ihnen durch mich die besten Grüße. Sonst Ihr treuer, ewiger Freund.«

Der Mann, als er gelesen, trat mit schneebleichem Angesichte und mit zuckenden Lippen von dem Tische weg – an den Wimpern zitterten Tränen vor. Er ging ein paarmal auf und ab, legte endlich das erhaltene Schreiben langsam auf den Tisch, schritt mit dem Lichte gegen einen Schrein, nahm ein Päckchen Briefe heraus, legte sie schön zusammen, umwickelte sie mit einem feinen Umschlage und siegelte sie zu – dann legte er sie wieder in den Schrein.

»Es ist geschehen«, sagte er atmend, und trat ans Fenster, sein Auge an den dicken, finstern Nachthimmel legend. Unten stand ein verwelkter Garten – die Haide schlummerte – und auch das entfernte Dorf lag in hoffnungsvollen Träumen.

Es war eine lange, lange Stille.

»Meine selbstgewählte Stellung«, sagte er endlich sich emporrichtend – und im tiefen, tiefen Schmerze war es wie eine zuckende Seligkeit, die ihn lohnte. Dann löschte er das Licht aus und ging zu Bette.

Des andern Morgens, als sich die Augen aller Menschen öffneten, war der ganze Haidehimmel grau, und ein dichter, sanfter Landregen träufelte nieder.

Alles, alles war nun gelöset; die freudigen Festgruppen der Kirchgänger rüsteten sich und ließen gern das köstliche Naß durch ihre Kleider sinken, um nur zum Tempel Gottes zu gehen und zu danken – auch Felix ließ es durch seine Kleider sinken, ging mit und dankte mit, und keiner wußte, was seine sanften, ruhigen Augen bargen.

So weit geht unsere Wissenschaft von Felix, dem Haidebewohner. – Von seinem Wirken und dessen Früchten liegt nichts vor: aber sei es so oder so – trete nur getrost dereinst vor deinen Richter, du reiner Mensch, und sage: »Herr, ich konnte nicht anders, als dein Pfund pflegen, das du mir anvertraut hast«, und wäre dann selbst dein Pfund zu leicht gewesen, der Richter wird gnädiger richten als die Menschen.

Pfingstenregen,
Weinsegen.

Luftschiffer Giannozzo

Aber zurück zu meinen andern Fahrten! Gestern am zweiten Pfingsttag erwacht' ich über dem Fürstentümlein Vierreuter und wurde gerade auf dessen Haupt- und Residenzstadt hergetrieben. Ich beschloß, in beiden meinen Kaffee zu trinken. Kurz vor dem Parisertore dreht' ich beide Hähne meiner Kugel auf, sowohl den für die Ausfuhr leichter als den für die Einfuhr schwerer Luft – und fiel wie ein Stoßvogel innerhalb der Wache nieder. Aber das machte diese dumm und wild, sie rief den Tor-Katecheten, und dieser wollte durchaus wissen, wer ich wäre, ferner meine Geschäfte, mein Logement und die Zeit meines Bleibens. Ich entgegnete ihm ganz höflich, er würde recht haben, grob zu fragen, so wie die Schildwache, den schiefen Schlagbaum gerade zu ziehen und sich davor grimmig zu postieren – da kleine Fürstentümer und deren Residenzen, wie kleine Juwelen, leichter zu verlieren wären –, wenn ich draußen in einem Wagen vor dem Tor säße und es ansähe; allein jetzt sei ich ja, wie er sehe, darüber weg und schon einpassiert. Er gab durchaus nicht nach, ich auch nicht. Der Wehrstand, in den ich mich setzte, lockte den halben Wehrstand der Wachtstube um mich, Haustruppen im eigentlichen Sinn, die nie außerordentlichen Lärm in der Welt gemacht außer vor ihren eignen Ohren, wenn sie eben Gurken aßen. Du sagtest einmal, Graul, du getrautest dich, wenn du am Grenzwappen ständest, über das ganze Fürstentum leicht wegzupissen, so schmal lauf' es fort. Ich gab der Landmacht um mich herum etwas Ähnliches zu verstehen, indem ich sie fragte, ob man hier – so wie eine gewisse Stadt vor einem blinden Tore eine lebendige Wache hätte – nicht ebensogut vor wahre Tore blinde oder gemalte Wachen stellen könnte, die man gar nicht abzulösen brauchte.

Da sich darauf die Landmacht rüstete, mich ernsthafter zu berennen: ließ ich bloß meinen grünen Mantel ein wenig auseinanderfallen; sogleich schlug ich den Heerbann aus dem

Felde – mit einer Kröte. Im ganzen Fürstentum Vierreuter steht nämlich kein Orden in größerem Ansehen als der französische oder neufränkische, den der Fürst selber gestiftet, damit er zum Großmeister erhoben würde von sich. Nach der Analogie von Deutschmeistern und deutschen Herren nennt er sich Frankenmeister und die Ritter Frankenherren. Sie tragen (denn er mußte mich in Marseille auch zu einem machen) im Knopfloch an grünem Bande eine goldne Kröte – wenn's nicht bloß ein Frosch sein soll (da sie so groß ist wie der am Fiedelbogen) –; vermutlich soll die Kröte auf die französische Lilie (der Sage nach der Nachflor der Kröte) hinführen.

Es ist gar nicht zu sagen – wenn man nicht im Kammerkollegium sitzt –, um wie viele Zolle der vierreutersche Ordensgeneral durch die Erfindung seines Frosch- oder Krötenordens dem Land die Geldgurt weiter und voller gemacht – bloß weil er aus beiden kein Goldstäubchen hinausfliegen ließ in fremde Länder für fremde Titel. Erstlich der Fürst selber, der, denk' ich, den besten und daher teuersten Titel verlangen darf, legt – anstatt sich einen, z. B. das überteuerte blaue Hosenband aus England, zu verschreiben, eine wahre Staats-Aderlaßbinde – ein inländisches Fabrikat um den Leib, das ihn keinen Heller kostet, sondern nur ein Wort, und er steht so gratis als Groß- und Frankenmeister des Krötenordens fertig vor Europa da. Oder verlangt man, daß ein Herr, der das ganze Jahr Titel und Bänder an alle Welt, oft an die größten Tropfen und Ausländer ausgeworfen, sich selber zu nichts kreieren und durch kein Selbstband zeigen soll, wie er sich ehre? –

Zweitens: Da die Menschen auf dem schlaffen Seile der seidnen Bänder am liebsten tanzen: so können in Ländern, die mit *Metall*saiten bezogen werden sollen, gar nicht Basler Ordensbandfabriken genug errichtet werden, damit man die Menschen und ihr Geld bei der Ehre fasse! Der Frosch setzte mich und meine Injurien in Sicherheit und Achtung und darauf in den Gasthof, wo ich sogleich nach dem Balbier und nach dem Hofmarschall schickte, um durch beide den Zutritt zur Cour zu erwerben. Ich und der Fürst waren uns einander ehemals in Marseille in den Kulissen des Théatre des

Variétés aufgestoßen und sehr bekannt geworden. Die Wahrheit zu sagen, wollt' ich dem Hofe Verdruß machen und mich nachher wieder in die Luft. Ich wurde angenommen: Aber da ich im Verzugs- und Anstandssaale auftrat unter den Frankenherren ohne Courflagge und Courruder, ohne Haarbeutel und Degen: so mußt' ich mich ein wenig auf dem Rücken und von der Seite ansehen lassen. Endlich erschien unser Frankenmeister mit seiner Meisterin. Ich wurde ihm präsentiert wie ein lebender Wechsel auf die Vergangenheit, aber nicht außerordentlich honoriert und akzeptiert; die Arme, womit er sonst jugendlich an sich drückte, waren – der eine durch das feste Halten des gewichtigen Zepters, der andere als Tragebalken und Atlas des Thronhimmels – ganz steif geworden und die weichen Hände sehr kallös. Er konnte die Ellenbogen so wenig um mich zusammenschlagen als ein Wegweiser seine hölzernen. Ich führte ihn leise auf einige Juvenalia zurück, besonders auf ein Inkognitohaus in Marseille, das eigentlich das wahre Théatre des Variétés war, wo ich ihn mehrere Sonntage vormittags damit außer Fassung brachte, daß ich ihn daran erinnerte, wie gerade jetzt (in diesen etwas apokryphischen Horen) auf allen Kanzeln seines Landes in den kanonischen werde um das Vergnügen und die Tugend des Landesherrn geflehet werden und besonders darum, daß er gesund wiederkomme –: er ging darauf allemal ans Fenster des Theaters und hatte Gedanken.

Zu Pfingsten auf dem Eise!

Pfingsten

Wie wir in unsern glücklichsten tagen in freudiger und schmerzlicher spannung den festen entgegensahen so hab ich deiner ankunft geharrt. Im zusammenläuten der glocken hallten einer ganzen jugend träume vom unsäglichen glück. Zutrauliche vögel aber verkürzten im gartenhaus die schleichenden stunden.

Deine nähe und deine ferne sind mir in gleicher weise verhängnis. Ich darf nicht denken dass zwei glühende wangen sich berühren und unsre blicke gegenseitig in unsere abgründe leuchten könnten. Qualen und verzükkungen sind die scheinbar so stillen wanderungen durch büsche und reben und oft sehe ich erstaunt auf wie es möglich sei dass in dieser reichen gefälligen landschaft die verzweiflung reife.

Wie nach einem begräbnis kehre ich zu dem

verödeten hause und sehe auf den bergen den letzten rauch des scheiterhaufens vom tag der noch mit seinem ganzen leben in mir brennt. Öde sind alle wege und gärten · blutstropfen aber wurden die mohnblumen am rain.

Ich werde dich und alle verlassen müssen sobald das wort gefallen ist das nur im angesicht des todes erträglich wird. Ich erhebe keinen vorwurf. Denn die schönheit fordert wie alle grossen begriffe ihre opfer. Im wirbel der begeisterung werde ich scheiden aus dem strahlenden leben. – Törichte hoffnungen und erwünschte qualen gebieten mir schweigen. Lächelnd wirst du heute gehen · lächelnd wirst du wieder kommen unwissend an welchen schluchten wir gegangen waren. Für den abschied aber fehlt mir die kraft. Ich steige im schon dunkelnden pfad zum hügel hinauf als die wahnsinnigen räder die dich entführen werden heranrollen und während die feurigen augen in die berghöhle eintauchen klingt es wie ein menschlicher hilfeschrei in der nacht.

Jochen Klepper

Erster Pfingstfeiertag

24. Mai 1942 · Sonntag

Wir sollen im neuen Wesen des Geistes dienen.

Römer 7,6

Nun habe ich alle Feste wieder daheim verlebt: Weihnachten, Ostern, Pfingsten!

Es war wieder ein großer Kirchgang über die mailiche Rehwiese, mit mancher Begrüßung und Austausch der Pfingstgrüße, wie sie auch die Post vor dem Aufbruch gebracht hatte, namentlich Soldaten- und Pastorenpost.

Die Kirche war sehr voll, der Altar mit hohen Birken und Flieder geschmückt; auch hat die Kirche immer noch Kerzen. P. Wieses Predigt zählte diesmal wieder zu seinen besten. Die drei großen Lieder: »Komm, Heiliger Geist, Herre Gott!«, »Nun bitten wir den Heiligen Geist« und »O Heiliger Geist, kehr bei uns ein«.

Danach ein großes Abendmahl. Wir waren mit Renerle zum Abendmahl. Ich denke jetzt oft, vielleicht weiß Gott längst, daß wir auch im

Schwersten in seinen heiligen Willen eingewilligt haben, und wir selbst ahnen es noch nicht, vermögen noch nicht zu begreifen, was er allein wirken kann.

Der Spruch, den P. Lilge mir heute sandte, hat sich diesem Pfingstfest besonders eingeprägt: »Ich werde nicht sterben, sondern leben und des Herrn Werk verkündigen.« Psalm 118,17.

Paul Klee
an Lily Klee

[Weimar],
15. V. 21 (Pfingsten)

Meine geliebte Lily.
Mein Pfingstfest verläuft in splendid isolation. In der Früh stand ich eine halbe Stunde später auf als sonst, nämlich um 7 Uhr 30, und begab mich wie immer ans Werk, nur eines ist anders als sonst: es stört mich nichts, nicht das geringste Geräusch, geschweige denn ein Anklopfen an meiner Tür. Über den denkwürdigen Verlauf meines Kollegs berichtete ich nach Possenhofen, in der Annahme, daß es Dich dort eher erreichen würde. Dies ausführliche Schreiben sende ich nun wieder nach München. Der Grund, daß ich heut später aufstand, war mein spätes Einrücken gestern Abend, nämlich um 10 Uhr. Ich hatte das Bedürfnis nach Zerstreuung gehabt und hatte mir Puccinis ›Bohème‹ angehört. Ich war mit Fassung hingegangen

und wurde sehr angenehm überrascht durch ein vortreffliches kleines Ensemble von Solisten und durch ein sehr wohlklingendes Orchesterspiel. Dies wird durch den raffiniert guten Bau des Orchesterraumes noch besonders begünstigt. Die Oper Puccinis ist ganz gut, nur recht rührend, so angenehm veraltet schon. Wie geht's Euch? Dieses echte Pfingstwetter wird Euch heiter stimmen! Herzlichst, Dein Paul.

Paul Klee,
Selbstportrait, 1919

Paula Modersohn-Becker
an die Familie

[Paris, Juni 1900]

Nach einem sonnigen Pfingstsonntag Kirchenbummel, nach etlichem Ungemach wegen mangelhaften Omnibusverkehrs, kam ich etwas flügellahm zu Hause an. In solchen Augenblicken hat diese Stadt etwas Furchtbares. Man fühlt sich so machtlos ihr gegenüber. Was sie nicht freiwillig mit überströmenden Händen hergibt, das ist ihr nicht abzuringen.

Im Louvre, der auf längere Zeit wegen Umhängung der Bilder geschlossen war, sind neue Säle eröffnet. Ich gehe wieder trunken durch alle diese Herrlichkeit. Ich bin sehr froh, zu bemerken, daß mich dieses halbe Jahr im Verständnis der alten Meister ein gut Stück weitergebracht hat. Daran messe ich meinen innerlichen Fortschritt.

Der Bildhauer Rodin hat eine Sonderausstellung eröffnet, das große ernste Lebenswerk eines Sechzigjährigen. Er hat das Leben und den Geist des Lebens mit enormer Kraft gebannt. Für mich ist er nur mit Michelangelo vergleichbar, und doch steht er mir in einigen Sachen näher. Daß es solche Menschen auf Erden gibt, das macht es wert, zu leben und zu streben.

Donnerstagabend Tanz bei »Bullier«. Kennst Du dies große Tanzlokal des »Quartier Latin«, lieber Vater? Ein buntes Bild, unglaublich viel zu sehen: Studenten und Künstler, hübsch und lustig in ihren gelungenen Sammetanzügen und Schlapphüten, mit ihren kleinen Mädchen, von denen einige Radfahrhosen anhaben, andere Seidenroben und andere Sommerblusen. Es sind meistens Couturières und Blanchisseuses, und dann gibt es eine eitel Kinderfröhlichkeit. Und um ein halb ein Uhr wird das Gas ausgemacht, und die Leute gehen nach Haus. Weit in den Morgen hinein erstreckt sich das Kaffeeleben hier überhaupt nicht. Um zwei Uhr ist meist alles geschlossen.

Und am Montag kommen die Worpsweder! Das ist die Hauptriesenfreude. Überhaupt: dort ist allzeit mein Sinn. Ich kann Euch sagen, manchmal dürste ich nach Heimat.

Paul Claudel
an Jacques Rivière

Tientsin,
den 3. März 1907

Mein lieber junger Freund,
ich hatte angefangen, Ihnen einen langen theologischen Brief zu schreiben, dann habe ich gespürt, daß es nicht recht wäre, wenn ich so wie ein Lehrer und Pedant zu Ihnen käme. Zwischen uns handelt es sich um eine Sache von Mensch zu Mensch, und so wende ich mich Ihnen einfach zu, öffne meine Arme und sage: Ja, ich will es. Seien Sie mein Bruder, bleiben Sie bei mir! Kommen Sie zu Gott, der Sie ruft! Ich weiß wohl, es ist ein Augenblick entsetzlicher Angst, aber *es muß sein.* Das ist die Frage, die das Thema eines der letzten Quartette Beethovens bildet: *Muß es sein?* Und diese große Seele antwortet: *»Es muß sein! Es muß sein.«* »Jede Bekehrung ist ein kleines Gericht«, sagt Pascal. Es gibt sehr viele Dinge, die Ihnen

unendlich süß oder furchtbar begehrenswert erscheinen, auf die sie zu verzichten haben. Und anderseits gibt es in der katholischen Religion so viele Dinge, die zu glauben hart, so viele, die zu tun demütigend ist, eine so unbarmherzige Verdemütigung unserer kleinen Gedanken und unseres kleinen Ich! Doch fürchten Sie sich nicht, *es muß sein.* Glauben Sie denen nicht, die da sagen, die Jugend sei dazu da, sich zu vergnügen: die Jugend ist nicht für das Vergnügen da, sondern für den Heroismus. Freilich, der junge Mensch bedarf des Heroismus, wenn er sich den Versuchungen, die ihn umgeben, entziehen, wenn er ganz allein an eine verachtete Lehre glauben und es wagen will, ohne einen Fingerbreit zurückzuweichen, gegen die Beweisgründe, die Lästerung, den Spott, von denen die Bücher, die Straßen und die Zeitungen voll sind, Front zu machen, wenn er seiner Familie und seinen Freunden widerstehen will, um allein gegen alle zu sein, um allen gegenüber treu zu bleiben. Doch »habt Mut, ich habe die Welt überwunden«. Glauben Sie nicht, daß Sie dadurch etwas verlieren; im Gegenteil, Sie werden dadurch wunderbar bereichert. Nur durch die

Tugend ist man ein Mensch. Die Keuschheit wird Sie stark, entschlossen, fröhlich, scharf und klar wie den Klang einer Trompete und leuchtend wie die Morgensonne machen. Das Leben wird Ihnen voller Kraft und Ernst erscheinen, die Welt voller Sinn und Schönheit. Je mehr Sie darin fortschreiten, desto leichter werden für Sie die Dinge. Über die Hindernisse, die Ihnen einmal fürchterlich waren, werden Sie dann lächeln. Alle großen Namen, all jene Dichter, Schriftsteller, Philosophen, deren Schatten auf unserer Jugend gelegen hat, werden Sie plötzlich in ihrer kleinen, grotesken Gestalt sehen, und nicht nur die Armseligkeit, sondern die reine Nichtigkeit des antichristlichen Denkens. Denn es gibt eine Wissenschaft nur durch die Einheit, und es gibt eine Dialektik nur durch das Ja und das Nein, und wer das »Wort« hinwegnimmt, der zerstört die Rede. Und dann sind Sie ja nicht allein, denken Sie an die ungeheure Zahl der Elenden, der Armen, deren Hölle Ihnen so furchtbare Bücher wie »Bubu« von Philippe oder »La Maternelle« von Frapié beschreiben und die in der Finsternis und in der Krankheit leben und sterben. Sie haben Muße, Geist und Bildung,

Sie sind gesandt, all diese Abgründe zu erleuchten. Was werden Sie ihnen vor Gott antworten, wenn sie Sie anklagen und fragen: »Was haben Sie mit all Ihren Gaben getan?« Weh Ihnen, wenn Sie sie dazu nur verwandt haben, die Finsternis und Verderbnis jenes Totenreichs zu vermehren und noch undurchdringlicher zu machen. Nein, Jacques, und noch einmal nein, glauben Sie den Büchern nicht. Glauben Sie an die natürliche Redlichkeit Ihres Gewissens und an die Begeisterung Ihrer Männlichkeit. Das Licht wird dem nicht verweigert, der es mit aufrichtigem Herzen sucht. Die Weisheit wartet vor Ihrer Tür. Selig der, der sie aufnimmt in sein Haus wie eine Mutter, die er ehrt.

Über eine Stelle Ihres Briefes habe ich lachen müssen. Es ist die, an der Sie mir sagen, daß Sie fürchten, in der Religion das Ende Ihres Forschens und Kämpfens zu finden. Ach, lieber Freund, an dem Tage, an dem Sie Gott in sich aufnehmen, werden Sie den Gast haben, der Ihnen keine Ruhe mehr lassen wird. »Ich bin nicht gekommen, den Frieden zu bringen, sondern das Schwert.«

Das wird der große Sauerteig sein, der alle Gefäße sprengt; es wird der Kampf sein, der

Kampf gegen die Leidenschaften, der Kampf gegen die Finsternis des Geistes, aber nicht der Kampf, in dem man besiegt wird, sondern der, in dem man Sieger ist. Vorwärts, liebes Kind, haben Sie Mut! Seien Sie mit uns, seien Sie ein Bruder für mich, und für den guten und großen F... Lassen Sie uns alle drei zusammen das heilige Mahl genießen, das mit uns zu essen Christus so sehr verlangt hat, jene große Speise, die er uns aus seinem Leibe und aus seinem Blute bereitet hat. Fern von Ihnen, fast ebensofern wie die Sterne und ganz nahe an Ihrem Herzen ist ein Mensch, den Ihr Brief mit Freude erfüllt hat. Ich habe ihn an der Wiege meines neugeborenen Kindes gelesen, und zwar mit Verwirrung, mit einem bitteren Rückblick auf mein eigenes Leben und in einem tiefen Erschrecken, daß Gott mich als sein Werkzeug benutzen könnte, um einen Menschen zu sich zu berufen. Wie groß ist die Freude, wie groß ist aber auch die Verdemütigung des Dieners, der seine Hände zum Herrn erhebt und, ohne ihn anzublicken, in tiefster Erkenntnis seiner Unwürdigkeit auszurufen wagt: »Unde hoc mihi?«

Ich grüße Sie. Paul Claudel

Ich verabrede mich mit Ihnen an der Kommunionbank zu Pfingsten. Sie müssen sich in den Beichtstuhl wagen. Armer Junge! Es ist schwer, aber schließlich nicht schwerer für Sie als für die anderen. Die Kameraden haben es überstanden. Keine Menschenfurcht, Jacques Rivière!

Regnet's am Pfingstmontag,
So regnet's sieben Sonntag.

Die Pfingstrose

Wenn Päonien blühn,
ist es mir, als gäbe es
andre Blumen nicht!

Küchi

»Die Päonie
war sooo groß« – Das kleine Kind
reckt die Ärmchen aus!

Issa

Dick und fett und rund
und zufrieden sieht sie aus,
die Päonie! *Issa*

Gartendämmerung –
Abendneigen – Alles schweigt –
Die Päonien blühn.

Shirao

Still und unbewegt,
wie die Kerze leuchtet, blüht
die Päonie! *Kyoroku*

Schweres Lastgefährt
rollt vorbei. Es zittern leis
die Päonien. *Buson*

Die Päonie blüht.
Kätzchen ganz aus Silber, und
Schmetterling aus Gold!

Buson

»Die Päonie
ist genau so schön wie du!«
hätt' ich gern gesagt;
doch ich brachte nichts heraus
als: »Wie schön, wie wunderschön!«

Kaneko Kun-en

Päonien

Bei meinem Freund [Satô] Nabuchi sollen unter freiem Himmel unvergleichlich schöne Päonien blühen – lief das Gerücht von Mund zu Mund und von Ohr zu Ohr. Alsbald kamen denn auch – was nicht weiter verwunderlich war – aus der unmittelbaren Nachbarschaft, aber selbst aus der ferneren Umgebung viele Menschen: Sie nahmen die Mühe des Weges auf sich und pilgerten eigens hin, jene Päonien zu bewundern. Von Tag zu Tag wuchs die Zahl der Schaulustigen. Auch ich ging, um meinem Freund einen Besuch abzustatten, und fand dort tatsächlich einen Blumengarten vor, welcher auf einer Fläche von etwa fünf Quadratklaftern angelegt war. Versehen mit einem Dach als Regenschutz sowie Gattern, wirkte alles – noch dazu recht modisch im Stil – höchst imposant! Vor allem aber fielen jene weißen und purpurvioletten Blütenköpfe auf, die da lückenlos aneinandergereiht standen. Unter ihnen entdeckte ich sogar schwarze und gelbe – nicht einen Deut anders, als es sich herumgesprochen hatte. Die gesamte Anlage war von einer so seltsamen Pracht, daß einem die Augen vor Erstaunen überliefen.

Nachdem sich allerdings die erste Verblüffung gelegt hatte und ich beim zweiten Blick die Erscheinungen der Blüten länger auf mich wirken ließ, empfand ich sie eigentümlich spröde und unerklärlich dürftig. Verglichen mit anderen Blumen, fühlte ich den Unterschied so, als hätte man uns Frauenschönheiten in ihrer allerhöchsten Blüte Seite an Seite mit Leichen – von Lebenssaft und Blut entleert – hingestellt.

Es fehlte diesen Päonien an farbleuchtender Lebenskraft – sie waren nämlich aus Papier! Der Hausherr hatte sich einen Jux erlaubt: Versteckt unter Blättern echter Päonien, hatte er sie heimlich angebracht, um die Menschen zu narren. Indessen tat er es keineswegs aus Geldgier und wegen der Eintrittsgebühr zur Schauterrasse. Ich konnte mich gut in seine Lage versetzen: Er hatte einfach Freude daran,

Gästen, die Tag für Tag herbeiströmten, Reiswein und Tee zu spendieren! Ich aber fand das alles äußerst amüsant:

Päoniengesichter
aus Papierschnitzeln.
Heimlich
im Blätterversteck
festgemacht . . .!

Zu Pfingsten
Gilt das Korn am
mindsten.

Marianne Beuchert

Päonien

Wu Tse-tian ließ alle Päonien ihrer Hauptstadt Tschangan ausreißen, weil sie nicht ihrem Befehl gehorchten und im Winter blühen wollten. Tschiang Tsching befürwortete in der Kulturrevolution die Vernichtung aller chinesischen Pfingstrosen, denn diese waren seit Jahrtausenden das Sinnbild von Reichtum und fortdauerndem Überfluß. Wu Tse-tian war tyrannische Kaiserin des Reiches der Mitte in der Tang-Dynastie (618 bis 907), Tschiang Tsching ist die Witwe Maos. Im Frühling 1976 kamen auf dem Tiananmen-Platz im Herzen Pekings Tausende von Menschen zusammen, in langen Gedichten schmähten sie die Kaiserin Wu Zetian, einige der Gedichte sprachen davon, daß sie die Päonien vernichtet habe, alle, die schweigend auf dem Platz zuhörten, wußten, wer in Wahrheit gemeint war. Viele brachten Kränze aus selbstgemachten Papierblumen oder hefteten wenigstens weiße Papierrosen an die Hecken. Offiziell galten diese spontanen Demonstrationen dem ersten Todestag des Ministerpräsidenten Tschou En-lai, doch Regierung und Viererbande wußten sehr wohl, gegen wen sich das Volk stellte. Nach einer Woche hatten die Menschen mit Blumen und Gedichten gesiegt: Tschiang Tsching und ihre Helfer waren ihrer Ämter enthoben, später verhaftet. Es durften wieder Päonien gepflanzt werden. – So politisch waren die sanften erotischen Blüten jedoch selten im Laufe der viele Jahrtausende währenden Geschichten ihres gemeinsamen Lebens mit den Menschen, und verfolgt wurden sie nur von jenen beiden streitsüchtigen Damen. Wahrscheinlich wurden die Päonien in keinem Land so andauernd und tief geliebt wie in China. Die züchterische Kultivierung hatte hier früh begonnen, früher als in anderen Teilen der Welt. Die Heimat der Gattung ist weit gespannt über die nördliche Halbkugel, am häufigsten trifft man Päonien in den wärmeren gemäßigten Zonen, doch dort leben sie gerne hoch droben in den Bergen, wo die Nächte voll Tau sind und die Tage hell; eine Form ist sogar in Archangelsk am russischen Eismeer zu Hause, zwei andere sind es in Kaliforniens Blauen Bergen.

Doch nirgends hat man in so früher Zeit die Päonien allein wegen ihrer Schönheit in die Nähe der Häuser und Paläste geholt, hat versucht, durch Kreuzung und Auslese die Farben und Formen zu verändern, wie in China. Vermutlich sind die Päonien die ersten Zierpflanzen, die durch die Hand der Menschen züchterisch verändert wurden. Das »Jahrhundert der Züchtung«, in dem wir leben, begann anderthalbtausend Jahre zuvor in China. Berichte über die Stauden-Pfingstrose, die Chinesen nennen sie Shaoyao, findet man in den frühesten schriftlichen Aufzeichnungen. Der Name kann mit »charmant und wunderschön« übersetzt werden, der botanische Name Paeonia lactiflora, den der deutsch-russische Arzt und Botaniker Peter Simon Pallas gab, heißt naturwisssenschaftlich schlicht: milchweiß blühend, obwohl es doch ebenso schöne Päonien in allen rosa und roten Variationen gibt. Lactiflora-Hybriden sind es, die seit etwa hundert Jahren mit ihrem feinen Duft als Pfingstrosen die Gärten Europas und Nordamerikas am häufigsten zieren, sie haben die einheimischen, etwas übelriechenden Bauern-Pfingstrosen fast verdrängt. In den letzten Maitagen beginnen hier die frühen Sorten zu blühen, und der Flor der späten geht meist erst mit dem Juni zu Ende.

Mitte dieses Jahrhunderts zählte die amerikanische Päonien-Gesellschaft etwa fünfzehnhundert bekannte Sorten der chinesischen Staudenpäonie, doch schon um die Jahrtausendwende veröffentlichten chinesische Gelehrte Monographien über die Gattung. In Jangtschu, das in den Jahrhunderten der Sung-Dynastie das reiche Zentrum der Staudenpäonien war, schrieb im zwölften Jahrhundert Wang Kuan ein Buch über sie, das bis heute erhalten blieb. Neununddreißig Varietäten sind darin beschrieben, die meisten Abbildungen aus früheren Werken übernommen, einige neue hinzugefügt.

Die Pfingstrosen, die man in China allen anderen vorzieht, die man auf Bildern, in Liedern und im Kunsthandwerk immer wieder darstellt, sind aber nicht die bei uns seit hundertfünfzig Jahren so wohlbekannten staudenförmigen Paeoniae lactiflorae, die, gleich den europäischen Päonien, ihre Kraft zum Austrieb über den Winter in stark verdickten Wurzelrhizomen speichern, sondern die verholzende, mannshoch werdende Form der Strauchpäonie Paeonia suffruticosa aus dem Nordwesten des chinesischen Reiches. Leider findet man sie nur selten in deutschen Gärten. Als sie etwa im dritten oder vierten Jahrhundert in das Bewußtsein der Menschen des Reiches der Mitte trat, war man von ihrer delikaten Schönheit so beeindruckt, daß sie über viele Jahre, jedoch nicht auf immer, den kaiserlichen Gärten vorbehalten blieb. Schon aus sehr früher Zeit ist die Lebensgeschichte eines reichen Adligen, Juan Kuang-han aus der heutigen Provinz Schansi, verbürgt, der, von einer wilden Gartenleidenschaft besessen, seinen Garten in Maoling so exklusiv ausstattete, daß er den Neid des Kaisers erregte. Juan Kuang-han verlor seinen Kopf, und alle seine Gartenschätze, Pflanzen, Tiere, Steine, zogen in den kaiserlichen Park um.

Es gibt ein Rollbild aus der Tang-Dynastie,

»Ladies in Waiting«, auf dem eine der Hofdamen die Blüte einer Strauchpäonie auf dem Kopf trägt. An den Porportionen und an der reichen Füllung der Blüte kann man sehen, daß dies keinesfalls eine Wildform war, sondern daß China im achten Jahrhundert schon über fast perfekte Züchtungen verfügte. Die verhältnismäßig ruhigen Jahre in der Mitte dieser Dynastie hatten einen Reichtum wachsen lassen, wie er zuvor wohl kaum an einem anderen Ort der Welt geherrscht hatte. Vor allem in der Metropole beschäftigten die Menschen in erster Linie Kultur, Luxus und gelegentliche kleine Skandale. Im Mittelpunkt der Blumeninteressen standen die Päonien, die ja »fortdauernden Überfluß« bedeuteten. Wenn man schlicht »die Blume« sagte, so meinte man die Strauchpäonien, sagte man »die Gärten«, so meinte man die Plätze, an denen sie kultiviert wurden. Über viele Jahrzehnte war es Brauch, daß der Magistrat der Hauptstadt Lojang zur Zeit des Höhepunktes der Päonienblüte zum Fest der Zehntausend Blüten aufrief. (Zehntausend steht in China immer für unzählbar viel.) Man errichtete Pfeiler und Wände, die ganz mit Päonienblüten übersteckt wurden, jede einzelne in einem Bambusgefäß mit Wasser. Der Dichter Bai Juyi (772 bis 846) verbrachte seinen Lebensabend in Lojang. In seinem Nachlaß befindet sich auch ein Gedicht über das Päonienfest:

»Dem Ende nähert sich der Frühling in der
Kaiserstadt.
Menschen und Wagen drängen auf den Straßen.
Alle sagen, die Päonien stehen in voller Blüte.
Sie gehen zusammen Blumen kaufen.
Einfach oder kostbar – es sind verschiedene
Preise,
wie viele Blüten die Pflanze trägt.
Für die erlesensten Sorten –
hundert Ballen Damast.
Doch die einfachen schon für fünf Stück
Seide.«

Der sehr sozial eingestellte Dichter läßt dann einen alten Landarbeiter vorübergehen, der einen tiefen Seufzer ausstößt:

»Er dachte sich:
eine Pflanze mit dunkelroten Blumen
Bezahlt die Steuer für zehn arme Häuser.«

In Lojang sah ich im April 1979 noch Sorten in voller Blüte, die im zehnten Jahrhundert gezüchtet wurden, die so leuchtend rote »Familie Wei« und die cremegelbe »Yaos Gelbe«, von der nach dem Bericht des Ouyang Xiu aus dem Jahre 1031 eine frische Veredlung fünftausend Käsch kostete (allerdings brauchte man erst im folgenden Jahr zu zahlen, wenn die Pflanze tatsächlich angewachsen war). Aber ich sah in der Kaiserstadt am Drachentor auch Strauchpäonien, die mir in ihrem Habitus eigentlich gar nicht gefielen, doch ständig standen übermütig lachende Menschen davor. Die schweren Blüten konnten kaum von den schwachen Stielen getragen werden und fielen in ungeregelter Ordnung total durcheinander. Ein Rätsel für europäische Augen, in all dieser Pracht etwas so ungezügelt Geformtes. Mein verstörtes Gesicht forderte eine Erklärung: Diese Sorte aus der Tang-Zeit heißt »Die trunkene kaiserliche Konkubine Jang« – sie wird zwölfhundert Jahre später noch vom Volk verlacht. In der Namensgebung entfalten die Chinesen ihre ganze Poesie und ihren Hang zur Neckerei. Eine leuchtend rote Päonie heißt »Mutter kocht bei offenem Feuer« – eine tief purpurfarbige »Rotes

Gewand, fleckig vom Wein« – und eine alte Sorte in einem hellen Cremeton: »Weißes Gewand, zerknittert vom Sohn des Himmels«.

In der Tang-Dynastie gab es in den Tempelgärten eigene Diener, die zur Blütezeit den Blumen aufzuwarten hatten. Mit Pinseln aus feinstem Kaninchenhaar wuschen sie am Morgen die Blütenblätter, und es heißt, daß diese Arbeit bei den Päonien nur von einer stolzen Jungfrau im Staatskleid ausgeführt werden durfte. Den blassen schlanken Mönchen waren die Pflaumenblüten vorbehalten.

Damit nichts die Päonien in ihrem Blühen störe, ließ Kaiser Xuanzong unzählbare winzige Goldglöckchen in die Zweige der Bäume und Sträucher seines Parks hängen, die Vögel in der Blütezeit vom Garten fernzuhalten. Den Gelehrten war das zuviel Konsum-Rummel. Die Konfuzianer verachteten die zu große Pracht der Pfingstrosen und ihre stark erotische Ausstrahlung. Sie fanden, die Päonienliebhaber beraubten sich selbst der Chance, »jenseits der Staubwelt« zu sein. Sie bevorzugten fast monochrome Gärten, die Japan zum Vorbild wurden.

Für Europa waren China und seine Zierpflanzen damals noch fast unerreichbar, von ganz wenigen Ausnahmen abgesehen. Selbst die großen Blumenmaler des Barock kannten noch keine chinesischen Pfingstrosen, nicht die Sträucher und nicht die Stauden. Sie begnügten sich meist mit der gefüllten Form der einheimischen Paeonia officinalis, die vorwiegend in Klöstern zu Heilzwecken angebaut wurde. Früh schon war die Heilkraft vor allem der Wurzel erkannt worden, so früh, daß sie sogar ihren Namen nach Paion, dem griechischen Gott der Heilkunst, erhielt.

In Deutschland nannte man sie »Gichtrose«, da unter anderem Gichtmittel aus ihr gewonnen wurden. Nach der heiligen Appolonia heißen in Oberbayern die Samen »Appoloniakörner«; seitdem ein rüder Heide der Heiligen alle Zähne eingeschlagen hat, ist sie die Schutzpatronin der Zahnleidenden und Dentisten. Kleine Ketten aus Pfingstrosensamen waren Amulette vor allem der Kinder, sie vor Zahnschmerzen zu schützen. Wie Nieswurz, Zaunrübe und Seidelbast waren die Pfingstrosen ein viel gebrauchtes Abtreibungsmittel.

In einer alten Kräuterfibel steht über die Samen der Pfingstrosen: »Wo diss körner sind in eym huse mag der böse geyst nit schaden noch keyn ungewitter zu fügen.« Wie bei anderen Pflanzen mit stark rhizomartig verdicktem Wurzelstock, von dem man früh erkannte, daß er der Pflanze als Kräftespeicher diente, glaubte man hier auch die Reserve für magische Kräfte zu finden, die der Mensch bei entsprechendem Wissen nutzen könne. Plinius schreibt von der Pfingstrosenwurzel: »Sie schützt vor der Neckerei der Faune im Schlaf.« Diesen Ruf des antidämonischen Zauberkrautes haben sich die Pflanzen lange bewahrt, vielleicht wegen ihres fast grenzenlosen Selbsterhaltungstriebes. Wo einmal eine Staudenpäonie im Garten saß, entwikkelt sich noch nach Jahren aus Wurzelresten gleich einer Quecke fast immer wieder eine neue Pflanze.

Damit die magischen Kräfte sich entfalten konnten, mußte man den abnehmenden Mond abwarten, um in dunkler Mitternacht die Rhizome auszugraben. Wenn es geschah, ohne daß ein Specht zuschaute, und wenn man die rechte Pflanze gewählt hatte, so konnte es glücken, mit ihr nicht nur Dämonen abzuwehren, sondern sie als Springwurz zu nutzen, die Türen und Schlösser öffnete, hinter denen geheime Schätze verborgen waren.

Englische Pflanzenbuchautoren meinen, Päonienwurzeln seien gut gegen »foreign witches« – leider konnte ich keine genauere Gebrauchsanweisung finden, obwohl sich Betroffene natürlich immer besonders dafür interessieren.

Ist es die Blütezeit, ist es die ungewöhnliche Pracht oder vielleicht ein Rest des alten Zauberglaubens, daß so häufig Altäre mit der Päonie geschmückt werden? Als »Rose ohne Dornen« wurde sie zur Marienblume. In Asien gab man sie Amitaba, dem Buddha der Liebe, in die Hände, denn immer symbolisiert sie neben Reichtum und Luxus ein erfülltes Leben in Liebe. Vor dreieinhalbtausend Jahren wurde im chinesischen Buch der Lieder aufgezeichnet: »Der Ritter und die Dame trieben ihr Spiel, denn sie gab ihm eine Päonie.«

Otto Eduard Schmidt

Vorpfingstfreude am Königsplatz

Keine Zeit des Jahres ist verlockender zu einer Reise als die Vorpfingstwoche. Die Natur ist auf dem Höhepunkt der Entwicklung angekommen, zu der sie der neue Frühling emporführt; die Eisheiligen Pancratius und Servatius sind überwunden, der Himmelfahrtstag, an dem es erfahrungsgemäß meist regnet, ist vorüber, und der beängstigende Verkehr der Pfingstfeiertage ist noch nicht zu fürchten. Zwischen Himmelfahrt und Pfingstsonnabend liegt also wie eine Oase der Stille und der Schönheit die Vorpfingstwoche. Es kommt nur darauf an, auch das entsprechende Reiseziel, die Landschaft, zu finden, die uns für die Erfüllung aller der in dieser erlesenen Zeit gegebenen Möglichkeiten und Hoffnungen die meiste Gewähr bietet.

Als ich eben anfing darüber nachzusinnen,

wohin ich meinen Wanderstab setzen wollte, huschte mir plötzlich aus der Tiefe alter Erinnerungen ein schwarzer Vogel am Auge vorüber, mitten durch die flirrenden Sonnenlichter, die zwischen dem strudelnden Wasser eines Bergbaches und den leise rauschenden Zweigen ufergürtender Jungbuchen und Fichten spielten – es war eine Wasseramsel –, und aus der rauhen Wildnis eines Felsenkessels reckte sich ein eigenartiger großer Stein und mit auffallendem Namen mir entgegen, an dem ich vor vierzig Jahren lange gestanden hatte und seitdem nicht wieder – es war der Altarstein. In diesem Augenblick hatte ich das Ziel meiner Vorpfingstfahrt gefunden: das obere Kirnitzschtal und seine Umgebung...

So fuhren wir denn Montag, den 31. Mai 1927, vormittags gegen 11 Uhr von Dresden mit der Eisenbahn nach Schandau und von da mit der elektrischen Bahn nach dem Lichtenhainer Wasserfall. Hier gab uns ein mehr als dreistündiger Aufenthalt Gelegenheit, nach langer Zeit wieder einmal den Kuhstall zu besuchen. Dieser häßliche Name ist eigentlich der hoch oben im Bergwalde gelegenen großartigen und aussichtsreichen Felsenhalle unwürdig, aber er hat sich nun einmal im Volke eingebürgert und entspricht auch in gewissem Sinne geschichtlichen Tatsachen. Denn die Urkunden beweisen, daß der Kuhstallfelsen zwischen 1410 und 1450 eine Burg der Berke von der Duba trug, die bei Beginn dieses Zeitraums Wildenstein hieß, den Mittelpunkt der großen Herrschaft Wildenstein bildete und schon von dem ersten selbständigen Besitzer Heinrich Birke als Raubschloß benutzt wurde, in das er die geraubten Kühe treiben ließ. So erklärt sich der Name des Felsens, der 1451 mit der gesamten Herrschaft Wildenstein in den Besitz der Wettiner überging.

Als wir aus dieser erinnerungsreichen Höhe

Kuhstall

wieder ins Kirnitzschtal abstiegen, scheuchte uns ein Gewitter in regensichere Räume der Lichtenhainer Mühle. Von da aus bestiegen wir um 5 Uhr den staatlichen Kraftwagen, der uns an der Neumann- und der Buschmühle vorüber nach Hinterhermsdorf brachte. Wir genossen, nachdem der Regen aufgehört hatte, auf dem letzten Teile der Fahrt frühlingsduftige Ausblicke nach dem aus schwarzem Wald hervorragenden Teichstein und dem von hellgrünem Buchensamt überzogenen Raumberg. In Hinterhermsdorf fanden wir unweit der Forstmeisterei bei Frau Maaz, der Witwe eines vor Jahren von einem Baume erschlagenen Waldarbeiters, ein treffliches Quartier.

Am nächsten Morgen lag strahlende Sonne über der Landschaft, unter ihrem Scheine hoben sich leichte weiße Nebelschwaden aus den Wiesen empor, die aber den warmen Strahlen nicht lange widerstanden. Wir beschlossen, zunächst den schönsten Punkt der Umgebung, den Königsplatz, aufzusuchen. Der Weg führt von der Schmiede des Dorfes genau nach Süden etwas ansteigend empor. Nach fünf Minuten erreicht man am Eingang des Waldes durch ein eisernes Tor die breite nach Böhmen

Sächsische Schweiz

führende Zollstraße, von der links im spitzen Winkel der »Hohweg« abzweigt. Nach weiteren fünf Minuten zweigt davon rechts ein Fußweg ab mit der Bezeichnung »Königsplatz«. Er führt in etwa zehn Minuten zum Ziel.

Wir stehen auf einer sich in einen weiten Wald- und Felskessel etwas vorschiebenden Platte, auf der einige Bänke und ein kleines Holzhäuschen errichtet sind. Der beste Aussichtspunkt ist auf einer Bank, die auf einer kleinen Felsnadel angebracht und durch hohe Steinstufen zugänglich ist. Hier tut sich vor uns wohl die bewegteste und weitestgespannte Aussicht der ganzen Sächsischen Schweiz auf.

Der Pfingstbaum zu Saatzig

Fischer von Jacobshagen waren in der Woche vor Pfingsten im Jahre 1867 auf dem Saatziger See bei ihrer Berufsarbeit. Die beiden Kähne, beladen mit dem schweren Fischerzeug, steuerten durch die Klippstelle dem Lande zu. Es war eine warme, schwüle Nacht. Reiche Beute war gemacht worden. Die Turmuhr von Jacobshagen schlug 12 Uhr. Auch der Wächter von Saatzig meldet die zwölfte Stunde durch sein Horn an. Es war windstill. Nur ein ganz leises Murmeln des Wassers war vernehmbar. Die Kähne waren ans Land gezogen. Die vier Fischer waren im Begriff, etwas zu ruhen und einen kleinen Imbiß zu nehmen.

Da plötzlich ertönt ein mächtiges Sausen und ein starker Krach in der Luft. Dann ist wieder alles still. Der alte Fischer sagte: »Es ist nur gut, daß wir ans Land gefahren sind. Das ist die wilde Jagd. Die kommt von der Reitfurt über den Pfingstberg, die Saatziger Berge und saust den Saatziger See nach dem Pfaffenberge!« Sie horchen; doch es bleibt alles still. Ein junger, beherzter Fischer macht den Vorschlag, die Sache zu untersuchen. In mächtigen Sätzen in den schweren Wasserstiefeln geht es die Saatziger Berge hinauf; doch es ist nichts zu sehen oder zu hören. Da kommt es dem einen vor, als wenn er ein schwaches Licht sieht, es muß in der Nähe der Königsfichten sein. Die beiden gehen auf den Lichtschimmer zu, er verschwindet wieder, manchmal sind es zwei Lichtscheine.

Am Rande der Kienen angekommen, gehen beide bald auf den Fußspitzen, bald fast kriechend in den dunklen Wald hinein. Eine kleine Baumgruppe ist ihr Versteck. Ihr Herz pocht gewaltig, fast hörbar. Sie sehen dunkle Gestalten, welche wie aus der Erde gezaubert erscheinen. Es sind 6, nein 8, 10, 12, fast sind sie dem unheimlichen Treiben zu nahe gekommen, sie hören aber nur gedämpfte Laute und sehen nur zwei schwache Lichtscheine. Ist nicht auch ein schwarzes Pferd dabei oder ein Wagen? Nein, da steht ja nur ein halber Wagen! – Sie sehen, daß eine lange Kiefer auf den halben Wagen gelegt wird, dann setzt sich der Zug in Bewegung.

Sie können es noch nicht glauben. Schon denken sie an Phantasiegebilde; doch es sind ja Heinzelmännchen, also übernatürliche Wesen, die können auch nur solche Arbeit leisten. Sie hören noch gedämpftes Sprechen »Links!«, »Rechts!« »Geradeaus!« Die Last wird gehoben, als wäre es eine Bohnenstange. Nun verschwindet der unheimliche Zug. Da eilen sie mit langen Sätzen aus dem Walde. – Zwei schrille Pfiffe von den Bergen mahnen sie zur Rückkehr. Noch an demselben Tage gehen die beiden Fischer nach den Königsfichten. Sie finden wohl die kleine Tannengruppe wieder, doch fällt ihnen nichts auf. Sie trauen ihren Augen kaum. Überall liegen dürres Moos und trokkene Nadeln. Kein Baumstumpf, keine Spähne, kein abgebrochener, frischer Zweig, kein neues

Wagengeleise ist zu sehen. Doch hier! Nein, es liegen ja dürres Holz und trockene Nadeln im Geleise, es ist ja alt.

Wie die Bewohner des Dorfes Saatzig am dritten Pfingstfeiertag erwachen, steht ein Pfingstbaum vor dem Gasthause. Es ist eine schlanke Kiefer, der schönste Baum des nahen Nadelwaldes und 25 m hoch. Die Krone ziert ein großer Birkenstrauch als Pfingstgruß. Auf 20 m Höhe ist mit zwei Holznägeln eine Krone angebracht, welche mit bunten Bändern geschmückt ist. An ihr hängen als Siegespreise ein seidenes Tuch, eine Pfeife und ein von jungen Damen gestickter Tabaksbeutel. Eine Musikkapelle verkündet um 2 Uhr nachmittags den Anfang des Festes. Jünglinge ringen um den Preis.

Als dritter tritt ein junger Mann vor. Sein Gesicht ist ernst. Seine Muskeln sind im Heeresdienst gestärkt, alles ist still. Die Musik setzt mit dem Torgauer Marsch ein. Der junge Krieger geht in Fußsätzen die glatte Kiefer hoch. In etwa 13 m Höhe macht er eine kleine Pause. Alles ist voll

banger Erwartung. Da klettert er mit seiner letzten Kraft hoch. »Hurrah! Er ist oben! Bravo!« wird gerufen. Tücher schwenken. Die Kapelle intoniert. Ein Tusch. Alles ist still. Der Prolog wird von oben verlesen. Nach einem Schluck Wein zur Stärkung wird der Abstieg unternommen, welcher leicht ist.

Ein Eichenkranz ziert den Sieger. Viele Ehrungen werden ihm zuteil. Einen zweiten Kranz erhält seine Auserkorene für diesen Tag, fürs ganze Jahr, ja vielleicht auch fürs ganze Leben.

Diesen schönen Pfingstbaum hatten die Heinzelmännchen in nächtlicher Stunde heimlich aus dem Walde geholt, bearbeitet und dann in Saatzig aufgestellt.

Klaus Granzow

Pfingstbräuche in Pommern

Pfingsten war für mich zu Hause in Pommern immer eine Art »Weihnachten im Sommer«. Denn kurz vor Weihnachten fuhr mein Vater mit uns Kindern in den Wald, um Tannenbäume zu holen und kurz vor Pfingsten fuhr er wieder mit uns in den Wald, um Birkensträucher abzuschlagen. Wir mußten einen ganzen Leiterwagen voll davon mit ins Dorf bringen, denn zufälligerweise gab es in unserem Wald viele Birken, weil der Boden sich gut dafür eignete.

Wenn wir dann zurückkamen, hielten wir vor jedem Hof, und jeder Bauer bekam einen großen Birkenbaum, der vor das Hoftor gestellt oder an das Tor genagelt wurde, dazu zwei kleine Birken, die man vor die Haustüre stellte, und viele kleine Birkenzweige für die Stalltüren und -fenster, denn sie alle wurden mit Birkengrün geschmückt. Natürlich gab es auch in den Wohnstuben große Töpfe und Vasen, in denen Birkensträucher standen, denn überall sollte zum Pfingstfest das Maiengrün Haus und Hof schmücken.

In der Stadt war es nicht anders. Kurz vor dem Fest brachten die Bauern, die in den Dörfern rund um die Landstädte wohnten, Birkengrün auf den Markt, und alle Haustüren waren dann mit Birkenzweigen geschmückt. Ja, ich erinnere mich, daß sogar unsere Kleinbahn, die nach Stolpmünde fuhr, an ihrer Lokomotive einen Pfingstbaum trug. Bei dem heutigen Tempo wäre das wohl nicht mehr möglich.

Bei den Ausfahrten zum Verwandtenbesuch am Pfingstfeiertag wurden natürlich auch die Kutsche und das Pferdegeschirr mit Birkenzweigen geschmückt. Die Pferde schienen sich ihres schönen Schmuckes wohl bewußt zu sein, denn sie trabten stolz die Landwege und Chausseen entlang. Man hätte auch noch das übrige Vieh mit Birkenzweigen geschmückt, aber das ging mangels einer Möglichkeit der Befestigung nicht. Nur der lange Hals der Gänse war geeignet, einem Blumenkranze Halt zu geben, und so trugen sie solchen Schmuck in manchen Gegenden Pommerns.

Allgemein verbreitet war auch die Sitte des Pfingstbaumsetzens. Dazu diente aber nicht die bescheidene Birke, sondern die ragende Tanne, je höher um so besser. Freilich wurde sie größtenteils der Zweige entkleidet und dafür mit Girlanden, Kränzen und einer Krone aus dem eigenen Grün der Zweige geschmückt.

In aller Heimlichkeit wurde sie einem Bauern vor den Hof gebracht, der sie dann »abtanzen« lassen mußte. Zu dem Zweck versammelte sich das ganze Dorf unter dem Pfingstbaum. Ein Junge erkletterte ihn und hielt eine Rede auf den »Baumherrn« und die »Baumfrau«. Dann folgte mit einer Musikkapelle der Ummarsch durch das Dorf. Auf dem Anger oder einem größeren Platz führte der junge Mann, der vom Pfingstbaum herunter die Rede gehalten hatte, die »Baumfrau« zum Tanze. Der »Baumherr« suchte sich meistens die Braut des Redners als Tanzpartnerin. Im Hause des »Baumherrn« begann danach ein allgemeiner Tanz mit Freibier, und um Miitternacht endete das Fest, sobald die »Baumfrau« ihren Gästen Kaffee und Kuchen servierte.

Clemens Brentano

Am heiligen Pfingstfeste

Joh. 14,23

Wer mich liebt, wird mein Wort halten;
Weil mein Wort ist Vaters Wort,
Wird des Vaters Liebe walzen
Bei dem Liebenden hinfort.

Und mit ihm ich bei euch wohne;
Doch den Tröstenden, den Geist,
Schickt im Namen er vom Sohne,
Daß er euch Erkenntnis weist.

Scheidend geb' ich euch den Frieden!
Frieden, den die Welt nicht gibt;
Freut euch, wenn ich hingeschieden
Zu dem Vater, der mich liebt!

Wenig red' ich mehr und gehe,
Denn jetzt kömmt der Fürst der Welt,
Hat an mir nichts. Es geschehe!
Weil dem Vater es gefällt.

Quellennachweis

Johann Christoph Gottsched, Reineke Fuchs, aus: J. C. G., Ausgewählte Werke, Bd. 4. Herausgegeben von Joachim Birke. Berlin 1968
Johann Wolfgang von Goethe, Reineke Fuchs, aus: Goethes Werke, Hamburger Ausgabe, Band II. Hamburg 1949
Martin Luther, Komm Heiliger Geist, aus: Liederbuch für die Jugend. Stuttgart 1969
Konrad Weiss, Pfingstmorgen, aus: K. W., Dichtungen und Schriften in Einzelausgaben. Erster Band: Gedichte 1914–1939. Herausgegeben von Friedhelm Kemp. © Kösel Verlag, München 1961.
Annette von Droste-Hülshoff, Pfingstmontag, Am ersten Sonntag nach Pfingsten, Am zweiten Sonntag nach Pfingsten, aus: A. v. D.-H., Gesammelte Werke, Das Geistliche Jahr. Herausgegeben von Reinhold Schneider, Vaduz 1948
Franz Hessel, Pfingsten 1896, aus: Ermunterung zum Genuß. Kleine Prosa. Herausgegeben von Karin Grund und Bernd Witte. © Verlag Brinkmann & Bose, Berlin 1981
Gottfried Keller, Berliner Pfingsten, aus: G. K., Sämtliche Werke, Dritter Band. Herausgegeben von Clemens Heselhaus. München 1958
Friedrich Nietzsche an Franziska Nietzsche, an Rosalie Nietzsche, aus: F. N., Sämtliche Briefe, Kritische Studienausgabe in 8 Bänden. Herausgegeben von Giorgio Colli und Mazzino Montinari, Bd. 1. Berlin 1975
Ernst Lissauer, Die Pfingstflammen, Pfingsten der Erde, Pfingstgebet, aus: E. L., Die Ewigen Pfingsten. © Deutsche Verlags-Anstalt, Stuttgart 1927

Ludwig Hofacker, Predigt zu Pfingsten, aus: L. H., Predigten für alle Sonn-, Fest- und Feiertage. Stuttgart 1833
Karl Rahner, Wegweisung – Pfingstsonntag, *Heinrich Spaemann*, Pfingsten, *Karol Wojtyla*, Wegweisung – Pfingstmontag, *Romano Guardini*, Gebet zu Pfingsten, aus: Pfingsten entgegengehen. Freiburg 1986
Augustinus, Gottes Haus in uns, aus: Firmung. Düsseldorf 1986
Otto Kallsen, Reichstag zu Mainz, aus: O. K., Barbarossa. Halle 1882
Adalbert Stifter, Und immer schönere Tage, aus: A. S., Das Haidedorf, Gesammelte Werke in sechs Bänden, Erster Band: Studien I. Herausgegeben von Max Stefl. Frankfurt 1959.
Jean Paul, Luftschiffer Giannozzo, aus: J. P., Werke in drei Bänden, Zweiter Band. München 1969
Stefan George, Pfingsten, aus: Werke, Ausgabe in vier Bänden, Band 2. Herausgegeben von Robert Boehringer. © Klett-Cotta, Stuttgart 1984
Jochen Klepper, Erster Pfingstfeiertag, aus: Unter dem Schatten deiner Flügel, Aus den Tagebüchern der Jahre 1932–1942. © Deutsche Verlags-Anstalt, Stuttgart 1971
Paul Klee an Lilly Klee, aus: Briefe an die Familie 1893–1940, Band 2: 1907–1940. Herausgegeben von Felix Klee. © DuMont Buchverlag, Köln 1979
Paula Modersohn-Becker an die Familie, aus: Briefe und Tagebuchblätter. Herausgegeben von Sophie Dorothee Gallwitz. © List Verlag, München
Paul Claudel an Jacques Riviere, aus: P. C. und Jacques Riviere, Briefwechsel. Herausgegeben von Robert Grosche. © Kösel-Verlag, München 1955

Die Pfingstrose, aus: Japanische Jahreszeiten.

Issa, Päonien, aus: Mein Frühling.
Marianne Beuchert, Päonien, aus: Frankfurter Allgemeine Magazin, Frankfurt 1984
Otto Eduard Schmidt, Vorpfingstfreude am Königsplatz, aus: Kursächsische Streifzüge, Sechster Band.
Klaus Granzow, Der Pfingstbaum zu Saatzig, Pfingstbräuche in Pommern, aus: Sie wußten die Pfeste zu feiern.
Clemens Brentano, Am heiligen Pfingstfeste, aus: C. B., Werke, Erster Band, München 1968

CIP-Titelaufnahme der Deutschen Bibliothek

Kleine Geschichten aus der Pfingstzeit
ges. und hrsg. von Renate Jostmann.
Stuttgart: Engelhorn Verlag, 1991
(Engelhorn-Bücherei)
ISBN 3-87203-105-8
NE: Jostmann, Renate [Hrsg.]

Typografische Gestaltung: Brigitte Müller
Satz: Uhl + Massopust GmbH, Aalen
Druck und Bindearbeiten: Clausen & Bosse, Leck
Printed in Germany